招远第一本旅游体验及指南读本

一座城市和它倡导的旅行

不一样的旅游书

带上你的书去旅行吧

心体验 深感受

梦想绽放

——山东招远黄金之旅

大宝 编著

中国旅游出版社

责任编辑：杨志敏
特约编辑：杨　鑫　彭文聪
封面设计：孙　莹
版式设计：时代地理传媒

图书在版编目（CIP）数据

梦想绽放 ：山东招远黄金之旅 / 大宝编著．-- 北京 ：中国旅游出版社，2014.8

ISBN 978-7-5032-5024-8

Ⅰ．①梦… Ⅱ．①大… Ⅲ．①旅游指南－招远市 Ⅳ．①K928.952.4

中国版本图书馆CIP数据核字(2014)第167513号

书　　名：梦想绽放——山东招远黄金之旅

作　　者：大　宝
出版发行：中国旅游出版社
（北京建国门内大街甲9号　邮编：100005）
http://www.cttp.net.cn　Email：cttp@cnta.gov.cn
发行部电话：010－85166503
经　　销：全国各地新华书店
印　　刷：济南大邦印务有限公司
版　　次：2014年8月第1版　2014年8月第1次印刷
开　　本：850毫米×1168毫米　1/32
印　　张：5
字　　数：60千
定　　价：26.80元
I S B N　978－7－5032－5024－8

趁此身未老

旅行是一种期待，一种追求，一种幸福。

只有旅行，把你还给自己。

旅行是寻求心灵的休憩，

回首往事，有一段被自然和安宁惊艳过的时光。

所以我们乘呼啸而过的火车，感受车厢外阳光的温暖。

骑车踏青或光脚奔跑，畅聊心事与年华。

短暂远离密不透风的钢筋水泥，让心灵跟上脚步。

这一次，我们出发，

不言老，不诉累，只贪欢。

趁此身未老，趁时光还在。

一句话招远

◎ 到达招远之前，一直不知道这个世界上有一样东西叫作黄金。——DAHJJ

◎ 我在招远，而你会不会忽然出现？——落落红尘

◎ 在招远被宠坏的不仅是眼睛，还有肠胃。 ——昊天314

◎ 招远就像每个男人梦寐以求的女人，在外长袖善舞，追赶潮流，在内十年如一日，温婉体贴。——calvin朵朵

◎ 好想再回招远吃一次水盘芝麻糖。——小狐狸哆啦

◎ 在淘金小镇似乎见到了柳永。——皓月灵空

◎ 招远的老房子是睡着的老者，表面斑驳而宁静，内里却藏着很多让人叹为观止的梦境。 ——豆沙都被我吃了

◎ 招远一句话说不完啊，非要说一句，喏，看我手上的戒指，靓不靓？ ——miss蝶恋花

◎ 呼吸着罗山森林公园的氧气，早已被岁月磨损的抱负又在胸中腾涌。 ——高了

◎ 一直以为只有45+的贵妇才穿皮草，到了招远，改变了我对皮草的看法。入手一件，瞬间女王。——不是你家欧巴

◎ 对我这种热爱黄金的人说，世间的城市分两种，一种是招远，一种是其他。——吖嘞嘞

◎ 它有都会的便利和快速，却依然存在着平和宁静的角落。

——DVruby

◎ 为什么我之前吃过的红富士没有招远的甘甜？

——打杂的萧萧

◎ 在招远温软的沙滩涂鸦了一幅画，可海浪看起来不喜欢的样子，给我冲走了。 ——万物这厮

◎ 那里的沙滩静静守候一串又一串的脚印。——而我亦然

◎ 泡在招远温泉里，整个人会融化。——爱讨好谁讨好谁

◎ 攒了半年的工资，在招远给媳妇买了条金链子。——大豆子

◎ 夕阳西下时沿着招远海滩慢慢走，海浪一次比一次汹涌，心里反而很平静。——我怀念的

◎ 招远……看来得再去一次了。——弃医从文的小蛮子

◎ 有种耳目一新的感觉，给人一种去旅行的冲动，还有安静的回味。——晒太阳的包大人

◎ 在无限的期待中，等待一场相遇。下一站，招远。

——XV不在家

Contents 目 录

早文，招远！

3　对梦想的丈量
4　奢华到站
6　十种方式体验招远时间
8　了解招远的混搭性情

太阳汗水洒落的地方

13　地球的十亿分之三
15　招远——中国黄金的脊梁
16　金都成就中国黄金第一游
18　古老的“炼金术”
20　中国黄金实景博览苑——无须为爱它找理由
28　淘金小镇——穿越宋朝淘金子
34　九曲蒋家村——见证“中国黄金第一村”
36　大金脉影视基地——从“小我”到“家国”
38　招金矿业金翅岭金矿——工业旅游亲历现代化的黄金大生产
40　黄金阁——招远的灵魂建筑
42　金矿石——黄金之母
44　黄金节——为我们的狂欢找个理由

温泉，浅唱

48 健康时代 “泉”因有你

50 招远泡汤

——5分钟忘记自己，20分钟忘记世界

52 “泉”在这里

金山耸立——罗山

57 名副其实的“金山”

58 沉醉在罗山的气息里

61 绝版“高山流水”

63 《忠烈罗峰》——马战中看烽火岁月

每个人心中都有一座欲望都市

67 打造女王style

68 中国金都黄金珠宝首饰城

——永不落幕的黄金珠宝盛会

72 招远皮革城——是谁诱惑了时光

76 楠铂万商业街

——集六大功能于一体，你还想要什么？

Contents

一座城的自然宣言

80 那青山绿水无恙，泥土依然芬芳
82 一方水土，永续田园
84 去采摘，享受一个童年般的午后
86 畅享美味，然后与星星一起入眠
88 爱上金水湖，爱上慢生活
90 真正的乡村——这里安放着乡情
92 城市里的公园和公园里的城市

转角，重回家园

96 生活的遗产
98 一些过往与故事
100 孟格庄村
——中国近代“江北出版业摇篮”
106 高家庄子村
——两千年积淀的荣光
110 大涝洼村——耕读商传家
112 徐家村——“龙口粉丝”享誉世界
117 招远的文化金矿

时光中的童年梦

120 春雨滨海度假区——这里属于孩子，也属于我们
126 架旗山游乐园——欢乐王国

Contents

嘴巴在旅行

130 海鲜，还是海鲜

132 小食光

134 一座有信物的城

136 爱它，就把它带走

招远有梦——未来规划

140 又一个起点，又一轮朝阳

142 美好，不止于此

附 录

144 （一）招远住宿推荐

145 （二）招远旅行社推荐

146 （三）招远旅游地图

147 （四）招远市内旅游交通指南

148 编后寄语

早安，招远！

Good morning, Zhaoyuan!

城市名片

中国金都

中国优秀旅游城市

中国优秀温泉旅游城市

中国最具特色旅游城市（黄金之旅)

国家卫生城市

国家环境保护模范城市

省级园林城市

中国粉丝之都

中国红富士之乡

全国文化工作先进县（市）

全国科技实力百强县（市）

全国县域经济基本竞争力百强县（市）

身和心，总得有一个在路上，这样，才不会觉得自己浑浑噩噩。在适当的时候，给自己一个说走就走的旅行，用自己喜欢的方式放松身心。

我们来了，招远，

早安！

对梦想的丈量

来招远，你想完成的梦想是什么？
是一件华丽纯真的黄金首饰，
一件柔软轻盈彰显优雅的定制皮草，
还是只想在海滨看那完美的日出日落，
通过古村感受深厚的文化底蕴，
或是头顶一弯新月泡在水汽氤氲的温泉池里，
让身静一静，心也静一静？
……
无论财富、健康、事业，还是闲适、欢快、自由，
招远所给你的，有关物华天宝，有关备受荣宠，
同时有关心灵，有关品位，有关梦想。
招远一游，
做一个有梦的中国人！

奢华到站

城市如人，有生命，有记忆，甚至有属性，毋庸置疑，招远属金。这是座色彩明亮的城市，因古人将黄金比作太阳的化身，招远也因此被誉为太阳汗水洒落的地方。而在这五光十色的城市里，没理由不染上一点缤纷。由此，平凡的路程也变得熠熠生辉起来。

有了目的地，如何到达，这里为你提供参考。

六纵连六横，一环绕招城

招远市交通便利，公路网络发达，荣乌高速穿越市境，沈海高速毗邻而过，建设中的龙青高速公路横穿市区；招远距烟台火车站100公里，距莱西火车站50公里，德（州）—龙（口）—烟（台）铁路穿越市境，设有招远辛庄站；招远紧靠烟台、龙口、青岛三处大型港口；距青岛、烟台、蓬莱三个机场分别150公里、100公里、80公里。

自驾到达

北京、天津、德州、济南、淄博、潍坊方向的游客，走济青高速、转荣潍高速（原潍莱高速），再转荣乌高速，在招远出口下，向右行驶后，直行进入S304。

哈尔滨、长春、沈阳、大连方向的游客，走沈海高速（原同三高速），在栖霞/招远出口下，右转朝招远方向行驶，后进入S304。

南方游客走沈海高速，在莱西院上出口下，右转行驶进入S602。

西部游客，走日兰高速（原日东高速），转荣乌高速，在招远出口下，向右行驶后直行进入S304。

威海、烟台方向的游客走荣乌高速（原威乌高速），在招远北下，右行进入招辛快车道。或走沈海高速，在栖霞/招远出口下，右转朝招远方向行驶，后进入S304。

青岛方向的游客走龙庆高速、烟青一级路，经莱西，转S215到招远。

十种方式体验招远时间

在招远

SPRING

春 登山踏青、赏花，寻找浓浓春意。

SUMMER

夏 吹海风、洗海澡、滨海骑自行车、吃海鲜烧烤，体验清凉一夏。

秋 蔬果采摘、海边垂钓、品葡萄美酒、买黄金饰品，尽享秋获喜悦。

AUTUMN

冬 赏雪、泡温泉、看灯会，感受美妙隆冬。

WINTER

招远的365天都给我们不同的惊喜和浪漫。

招远一行，请把我留在最好的时光里。

推荐你十种方式体验招远时间

- ☆ 在罗山森林氧吧做瑜伽
- ☆ 躺在沙滩上和贝壳一起晒太阳
- ☆ 泡温泉，给身心放个假
- ☆ 花一天时间在淘金小镇游逛
- ☆ 与古村落对话，或保持沉默
- ☆ 做贪婪的农场主，在乡村大收获
- ☆ 代表全世界人民向黄金告白
- ☆ 购物天堂，畅快刷爆信用卡
- ☆ 让嘴巴和海鲜，跳一曲交谊舞
- ☆ 像个孩子，创造欢乐回忆

了解招远的混搭性情

上一秒是“势压登莱百万峰”的罗山，
下一秒是青翠环绕之下热闹的淘金小镇；
从洋溢着生活气息的宋代风情抽离，
声、光、电等现代科技手段让黄金博览苑熠熠生辉；
左肩垂缀着皮草的奢华，
右手食着红富士苹果和西瓜的好味；
山水间奇峰与繁花纠缠，
街巷中时尚与民俗不分你我共处；
清晨在田间采摘樱桃，
午后入温泉享受惬意，
傍晚赤脚海滩拾贝……

一座城市，既保留着对传统敬重的诚意，
又流淌着活跃的极具创意色彩的血脉。
这就是招远，
酣畅淋漓的混搭性情。

MIX & MATCH

his golden sweat

太阳汗水洒落的地方

The place where the sun drops

有一种恒久，历经岁月轮回依旧动人；

有一种高贵，任凭时光蹉跎亘古闪耀；

有一种财富，跨越时空承载地位与实力。

它是大自然的馈赠，从最古老的传说到最流行的时尚，从最血腥的征战到最繁华的贸易，从神秘的地下金库到交易所的期货数字，它总能在人类的历史中掀起波澜。

黄金，是太阳的汗水洒落人间。

地球的十亿分之三

因为稀少，所以珍贵。

在地壳中，只有十亿分之三是金。再没有一种物质像黄金一样稀有华贵。与太阳同色的金，来自罗马神话中的“黎明女神”欧若拉，如同这个赞美意味浓郁的名称，黄金在人类文明史上一直受到狂热吹捧，被视为华贵的象征，人类为它延续着几千年来生命和货币的战争。不管何时何地提及黄金，我们都会闻风向前、侧目注视。

因为忠诚，所以神圣。

黄金作为化学元素（Au），在正常状态下，不会跟任何其他物质发生化学反应，因此黄金最可信赖，最为忠诚。在人类早期文明仍是彼此割裂的时候，就已经不约而同地把黄金用到最神圣的物品上，比如中国和印度塑满金身的佛像，美洲玛雅人用黄金做的黄金鸟等，借金的特质来表明对神的忠诚和拥护。

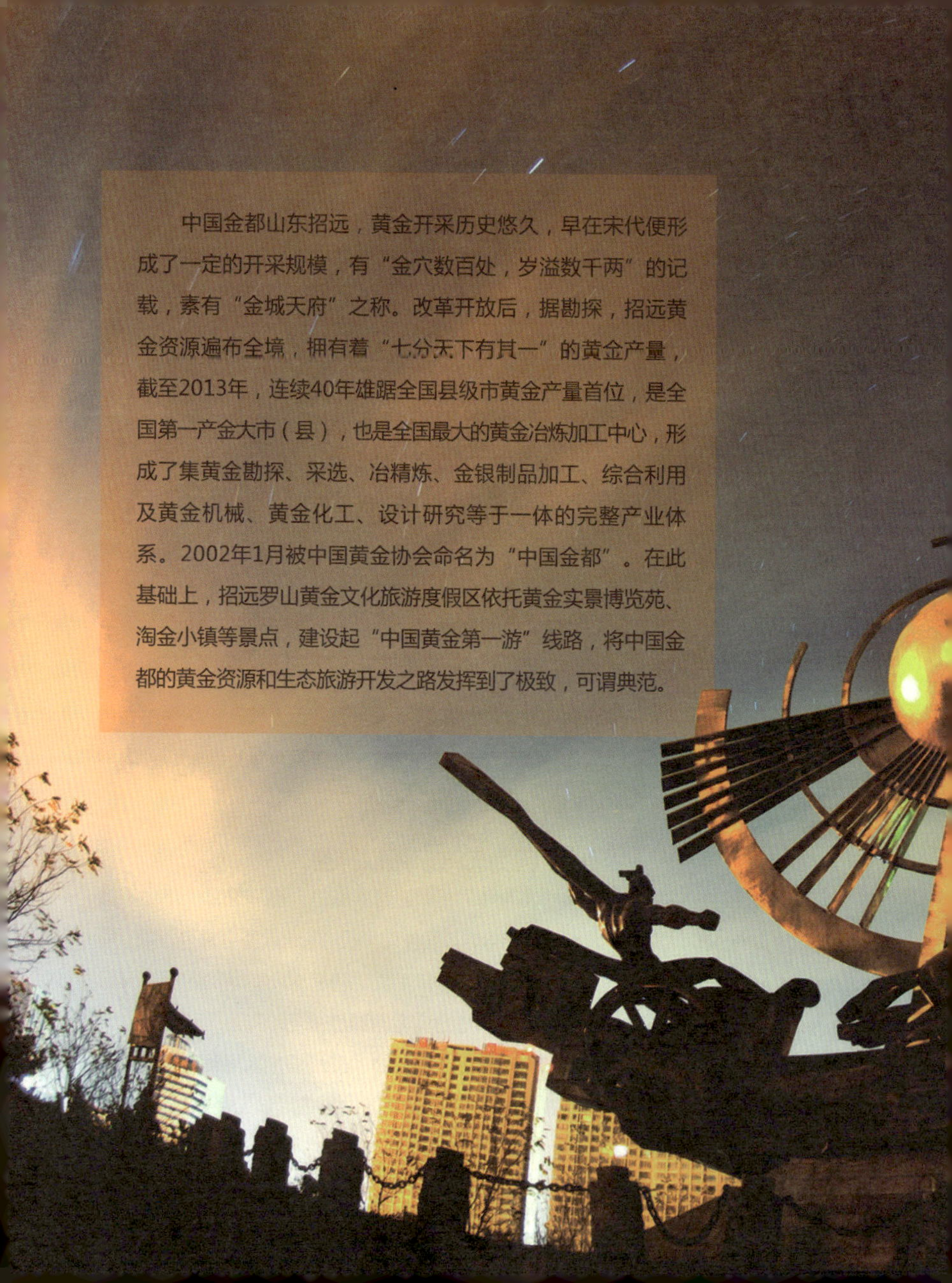

中国金都山东招远，黄金开采历史悠久，早在宋代便形成了一定的开采规模，有“金穴数百处，岁溢数千两”的记载，素有“金城天府”之称。改革开放后，据勘探，招远黄金资源遍布全境，拥有着“七分天下有其一”的黄金产量，截至2013年，连续40年雄踞全国县级市黄金产量首位，是全国第一产金大市（县），也是全国最大的黄金冶炼加工中心，形成了集黄金勘探、采选、冶精炼、金银制品加工、综合利用及黄金机械、黄金化工、设计研究等于一体的完整产业体系。2002年1月被中国黄金协会命名为“中国金都”。在此基础上，招远罗山黄金文化旅游度假区依托黄金实景博览苑、淘金小镇等景点，建设起“中国黄金第一游”线路，将中国金都的黄金资源和生态旅游开发之路发挥到了极致，可谓典范。

招远——中国黄金的脊梁

金都成就
中国黄金第一游

黄金之于招远，犹如绘制在一部古老卷轴上的文明图腾。“凿岩千尺，淘沙万漉，青华冶精华……”。黄金文化和黄金工业在此沿袭发展，从春秋战国时期的火烧水泼采金术到宋朝的溜槽堆石砌灶冶炼，从人工锤砸推磨到大型机械自动控制，金都招远本身就是一部庞大璀璨的黄金历史。由此，招远诞生了中国黄金第一游。

人人爱黄金，因着它的华美和珍贵；人人渴望拥有黄金，彰示富贵和荣华。招远一行，来一场真正的纸醉金迷。金都，为我们的痴爱和欲望找到源头；金都，为我们迷幻的黄金梦中增添了真实。

古老的“炼金术”

亚里士多德认为，世界由四种基本元素构成：水、土、火、空气。只要施加外部的影响与催化，泥土亦可变成黄金，这是古人对于黄金的狂热以及对于炼金术的臆想。而今天，我们在招远可以见证的是一门源自中国的古老的黄金冶炼技术——黄金溜槽堆石砌灶冶炼技艺。

自黄金被人类挖掘使用开始，黄金冶炼与加工就开始了漫长的发展演变历史。人们凭借自己的智慧从层层岩石中寻找闪亮的金子，创造了多种多样的冶炼技术。

宋代朱彧的《萍洲可谈》记载：“两川冶金，沿溪取沙，以木槃淘，得之甚微，且废力。登，莱金坑户，止用大木，锯剖之，留刃痕，投沙其上，泛以水，沙去，金著锯纹中，甚易得。”

文中所记载的，便是在金都招远代代相传的“黄金溜槽堆石砌灶冶炼技艺”中的溜槽选矿。当时的采金人用铁锤、石臼、石磨、石碾、溜槽、陶尊等工具，通过手工操作，经过破碎、碾磨、拉流和熔炼等多道工序，方能从烈焰之上得到闪亮的黄金。如今，只有招远市的九曲蒋家村还有为数不多的几位传承者，可以为游客演示这一古老神秘的黄金冶炼技艺。在九曲蒋家的黄金溜槽堆石砌灶冶炼遗址，村民们首先用大锤将金矿石砸碎，再用石磨将碎矿石研磨成细细的泥浆，随后在木质的溜槽上，通过细小的水流冲淘，便会得到含金三四成的金泥，将这些金泥烘干，盛于耐火器皿，放置到炉灶上熔化，再添加芒硝和硼砂，杂质逐渐被分离出来，剩下的便是金子。“凿岩千尺，淘沙万漉，青火冶精华”，古老的东方炼金术就这样产生并流传千载。

“黄金溜槽堆石砌灶冶炼技艺”对招远及全国的黄金生产起到了巨大的促进作用。现代黄金生产技术的基本原理均来自传统技艺，尤其是这一技艺中的重力选矿法至今仍发挥着重要的作用。这一古老传承已经被列为第二批国家级非物质文化遗产名录。

参 观 地：阜山镇九曲蒋家村

景点概要：黄金溜槽堆石砌灶冶炼技艺，由招远人民发明于宋朝，传承使用逾千年，于2008年被列入全国非物质文化遗产保护项目。

中国黄金实景博览苑

——无须为爱它找理由

曾经的帝王玩物或是贵族遗器如今束之高阁列为文物，

斗转星移，境地变迁，

唯一不变的只有那份熠熠的光芒和人类对黄金毫无消退的狂热。

本以为，在黄金博物馆这浩荡历史的时空中，我们会为这份痴迷找到源头，

但古老矿具带来的历史沧桑，目不暇接的梦幻金饰展列，已让我们的心随之远去。

或许，不是每一种爱都需要原因，不是每一份痴迷都有源头，

黄金如是。

地　　址： 招远市罗山黄金文化旅游度假区

电　　话： 0535-8391799

景点概要： 中国黄金实景博览苑由黄金博物馆、矿井体验区、实景展示区和餐饮宾馆服务区组成，依托罗山金矿废旧厂房和矿区，运用声、光、电、幻影全息成像等高科技手段，集中展示黄金采、选、冶和加工等工艺流程，让游客通过场景再现的方式了解古今中外黄金文化的前世今生，是国内首家集知识性、趣味性、参与性于一体的黄金主题旅游景区。

黄金博物馆——穿越时空的痴迷

美国经济学家彼得·伯恩斯坦在《黄金的魔力》一书中说："从来没有人搞得清楚，是我们拥有黄金，还是黄金拥有我们。"踏进黄金博物馆，迎面而来的是一片金黄：金碧辉煌的大厅、金石铺就的金光大道、高耸的开山神针……心里有片刻的迷醉和失神，这耀眼的金黄，带着永不消退的光彩，将整个黄金博览苑衬托得热烈而威严。有人说，黄金给时代带来的神话般的力量，是种诱惑，更是熬煎。

黄金博物馆位于毛公山下，远立而望，一山青松将这座白色的建筑物衬托得更加稳实，金色的"黄金博物馆"五个大字在阳光下更加闪耀夺目。门前是一条铜质方板组成的小路，记载了从人类发现黄金，到大规模开采黄金的历史。每一步，招远黄金都在世界上占据着举足轻重的地位。

大厅迎门的位置，矗立着以历史传说为原型的开山神针，通体金黄，表面为世界地图的形状。开山神针中有罗山仙姑的雕塑一座，镀以纯金，姿态飘逸，福泽众生。博物馆中以不同主题划分为多个展厅，通过文物、模型、多媒体、版图等形式，利用声、光、电、动漫、幻影全息成像等现代化高科技手段展示了不同地域、不同时期的黄金文化。中国金都招远的盛世成就、流金岁月的采金历史、琳琅满目的黄金文物构筑成一座金的宫殿，在黄金博物馆，全身心地投入与黄金的相约当中，思索于沉寂，回首见辉煌。展现在我们面前的，是一场生动的黄金课程，亲手触摸黄灿灿的金矿石，看到星星闪闪的矿物质，分辨哪种含金，哪种徒有其表，看古人如何在懵懂未知的情况下淘金，如何用辘轳采到地下的金石。

当我们走出这些展厅，眼前的金子不再是先前的虚浮形象，每一件小小的金饰都承载着无限重大的意义。黄金，在人类面前是一处漩涡，带着不可抗拒的向心力，试图改变人们既有的方向。黄金的谜咒就这样席卷而来，世人皆被命中。

矿井体验区——品读黄金的如歌岁月

地壳的变动牵引着熔岩的流淌，岩浆中的金元素积累、凝聚在一起，逐渐壮大，秘密地生长着，形成一条条如树木根系一样的脉络，称之为金脉。在山东，这金脉凝结之处便是招远，深入矿井体验区，沿着金脉深入的方向去探寻，看史前亿万年的地质生息如何成就金都招远，在新世纪的今天又如何成就中国黄金第一游！

矿井体验区以原有的矿井为载体规划开发，矿井中采矿、运输、通风、供电、给排水、提升等生产系统齐全，还原了当时真实的采矿、生产场景。矿洞中完好保留着当时生产时的会议室、铁轨、推车等旧貌，仿佛回到了那个大生产的时期，工人们热血澎湃，斗志昂扬。

走在矿洞中，脚下的石块、沙粒发出沙沙的响声，声电设备中传来工人的凿岩之声，呼嗨在耳，更添身临其境之感。

这些保留的生产设备让人们可以通过现代化的工业机械了解从矿石中冶炼黄金的整个过程。贵重的黄金也只有在经历了千淘万洗之后才能拥有金乌一般的光芒。

景点概要： 矿井体验区利用原罗山金矿改造而成，该矿井最早开采于20世纪60年代，到2001年关闭时，共采出黄金12吨，现被开辟为采金体验胜地。矿井中生产系统齐全，完整地保留了原生产旧貌，游客可在此体验真实的矿井生活。

实景展示区——陪黄金一起蜕变

当滚烫的黄金溶液变成金锭，仿佛梦想也成为现实。

实景展示区，让你亲历现代化的黄金大生产。

选矿车间机器轰鸣，庞大的金矿石选矿系统一刻不停地运作着，上百吨矿石在瞬间被吞吐，从破碎、磨矿到浮选，每一步都让我们离黄金更近。金矿石在选矿厂的各种加工程序中走一遍，就变成了金精矿，呈现为黑色的泥状物，含金量达每吨数十克。金精矿进入氰化车间进行氰化置换后，产出含金三四成的金泥，再将金泥转入冶炼车间冶炼，就会产出诱人的金砖，实现质的升华。

景点概要： 实景展示区利用原罗山金矿的选矿厂、冶炼室、质检站以及配电室、蓄水池等配套设施，让游客实地参观体验黄金现代化选矿、氰化、冶炼等工艺流程，了解整个黄金的生产过程和招远黄金企业的历史文化。

淘金小镇——穿越宋朝淘金子

地　　址：招远市罗山黄金文化旅游度假区

电　　话：0535-8391799

景点概要：淘金小镇是目前国内最大的以淘金体验为主题的旅游景区，融黄金文化、财神文化、市井文化和民俗文化为一体。从衙门督办、镖局驿站，到金铺银库、酒肆戏楼，淘金小镇完整地还原了宋代招远的建筑民俗、黄金交易民俗、饮食民俗、娱乐民俗等繁华景象，浓缩呈现了宋代政治、经济、文化等社会时代特征。

淘金河——这里贪财是美德

我们就是爱金子，
毫不掩饰；
我们就是见钱眼开，
毋庸置疑；
看着我们跃跃欲试的模样，
小镇的镇长笑说：
淘出来的，全部带走！

“千淘万漉虽辛苦，吹尽狂沙始到金”，是淘金小镇最大的乐趣。游客们丝毫不用担心日复一日金子会被淘尽，因为淘金河里的金子是取之不尽，用之不竭的，不怕您带走金子，只怕您不来感受这淘金的乐趣。

小镇风情——一脚踏入《清明上河图》

淘金小镇坐落于毛公山下，青翠之中，灰色砖瓦尤显恬静。小镇整体洋溢着宋代生活气息，炼金坊、酒作坊、金匠铺、当铺、官署、驿站、镖局……将您融入《清明上河图》中熙熙攘攘的民俗风情。

往玉露茶苑一坐，体味一下安静泡茶、慢品人生的境界。要上一壶上好的普洱茶，欣赏着宋时茶女优美、娴熟的泡茶技艺，周围的喧嚣都捏成了手中的一杯淡茶，心也沉静许多。

来了淘金小镇您可不能仅仅喝碗茶水，小镇内特色的豆腐脑、纯正的豆浆、正宗的

龙口粉丝系列小吃，让您品尝到真正的原生态绿色食品。或者在古老的酒楼喝一杯现场制作的浓郁芳香的玲珑酒，细细品味酒文化的博大精深。

小镇共有五座财神殿，其中财神金殿最大，供奉着主财神赵公明，其他财神殿分别供奉着赵公明属下的纳珍、利市、招宝、招财四路小财神，所以不管您想得到什么，都可以在小镇上拜到相应的财神，完成一次神奇的祈福之旅。

戏台听曲亦为一件妙事，没有明星大腕，没有花哨技巧，朴实真挚的表演最是情真意切。

淘金小镇里，糕点铺连着布庄，茶楼靠着戏台，镖局为金库保驾护航，市井街上人来人往，我们不妨在驿站做一回古时的驴友，看看官府中的青天大老爷如何断案，看看小镇的酒肆当铺，勾栏瓦舍，品出中国式淘金小镇的别样韵味。

在最深的红尘里相遇

是前世的残念，
还是今生的幻境？
行走淘金小镇，总有种莫名的似曾相识之感。
初次邂逅，却跌入一场神秘莫测的轮回，
也许在书里，也许在画里，也许在梦里。
古轿中，那玉手纤纤笑靥望夫君的女子，
戏楼上，那娥眉淡扫裙带飘扬余音三日的唱戏人，
又或是那酒肆里，猜枚行令觥筹交错的莫逆之交，
一切清晰如昨，又在回忆中恍如云烟。
我在这不明所以的风情中沉沉睡去，
又在那熙熙攘攘的世俗生活中醒来，
一定曾经相遇，在最深的红尘里。

九曲蒋家村

——见证“中国黄金第一村”

令世人印象深刻的乡村有两种，一种让人沉入记忆，追忆过往；一种让人坚定相信未来，谋福谋利谋美谋爱。九曲蒋家村无疑是后者。

和外界印象一样，九曲蒋家村殷实富足，其村办企业春雨集团现已发展成为国家级民营企业，下辖家纺、食品、建筑、物资、园林等15个分公司，拥有员工5100人。其主动脉部分——黄金矿业有限公司拥有资产总额16亿元，年总收入达到9.1亿元。但不同于对工业繁盛区生活质量的质疑，九曲蒋家村整洁安静，村民幸福且有尊严。群山环抱之中，采矿场森然屹立，座座楼房点缀其间，金矿的盈利真正被用来改善民生。这里的村民地处九曲之山，却不闭塞，不焦躁，远离喧嚣，身在静处，心境更加空明朗润；这里的村民从事着现代化、具有挑战性的工作，在家乡成就实现自我价值；现代社会中，这组合令人艳羡。

经济发展起来之后，九曲蒋家村还利用手中的资源在招远市区建设了一片集中新区，让久居于山间的村民住上了漂亮的楼房，村民享受着全方位的福利待遇。

在这里，九曲蒋家村陈述着另一种黄金历史。在这里，黄金早已不只是一堆财富，黄金变得和幸福这类字眼越来越接近。

地　　址： 招远市阜山镇

电　　话： 0535-8353014

景点概要： 九曲蒋家村黄金矿脉纵横交错，拥有山东最大的黄金地下观光区和黄金生产示范园，可以一睹黄金的采、选、冶，当然还有前面我们提到的最古老的炼金术。利用当地丰富的黄金优势，九曲蒋家村大力发展经济，实现了“农民变居民”“农村变城市”的愿望，荣膺“2006年度中国十佳小康村”称号。

大金脉影视基地

——从“小我”到“家国”

“抗日战争”，绝大多数时候是一个让人不忍提及的名词。硝烟弥漫、生灵涂炭，杀戮摧毁，不堪回首。但作为不可泯灭的历史，它也是一段血与火、泪与欢交织的难忘岁月。招远黄金冠绝华夏，采金历史绵长悠久，惹人动情的采金人的故事更是层出不穷。

电视连续剧《战火大金脉》拍摄于 2011年，整部电视剧围绕着抗战期间招远金矿和北海银行的故事展开，以金脉、命脉、血脉来体现一个从物质利益到精神追求，从外部世界到人性深处，从“小我”到“家国”的递进脉络，描绘了近半个世纪旧时代的采金历史，展现了如斯乱世、抗战救国时期采金人的生活状况，展示了一幅以黄金文化与中国民俗为特色的恢宏画卷。

电视剧在此拍摄完成后，山东金欧集团根据剧情和后期运营需要进行了适度改造，划分为“玲珑金矿选厂”“日军指挥部”“民国旧居”“土法炼金区”和“采金矿洞”五个功能区域，充实近代军事用品、生产生活用具、民俗展品等进行展览，并编排了两个节目进行实景演出，受到游客一致喜爱。

地　　址： 招远市罗山黄金文化旅游度假区

电　　话： 0535-8367405

景点概要： 以20世纪三四十年代侵华日军控制下的玲珑金矿为参照模型建设，包括城墙、瞭望塔、炮楼、指挥中心、金磨坊、选矿厂等一系列军事设施和黄金生产设施设备，既是可运转的微型金矿厂，又是一座近代影视基地。电视连续剧《战火大金脉》便拍摄于此。

招金矿业金翅岭金矿

——工业旅游亲历现代化的黄金大生产

可能你从未见过这样的金矿，

可能你脑海中的矿场应该是漫天黄沙，废石堆累，

可能你眼中的地下矿井是低矮狭窄、粉尘弥漫，

可能你还回忆着影视剧中那拿着大锤与坚硬岩石辛苦对抗的采矿工人，

但是，金翅岭金矿将打破你所有的想象。

金翅岭矿区内环境优美，三季有花，四季常青，文化长廊、运动场、健身器械、生态花园等休闲娱乐场所一应俱全。在生态环境建设卓有成效后，金翅岭金矿近年来不断强化数字化矿山建设，在安全管理上，投入使用了井下人员定位系统、井下语音报警及信息通信系统、车辆卫星定位系统，提升了企业管理水平。与此同时，金翅岭金矿另辟蹊径发展工业旅游，开辟专用通道，供游客参观现代矿山从采掘、选矿到氰化、冶炼的全部工艺流程，为金都招远的黄金游增添一抹亮色。

地　　址：山东省招远市金城路北首999号

电　　话：0535-8221522

景点概要：金翅岭金矿始建于1966年，是全国黄金行业领先企业和高新技术企业，首批国家级绿色矿山试点单位，位居中国黄金行业五大冶炼企业之首，而如今它的工业旅游正昂然发展。

黄金阁

——招远的灵魂建筑

清晨雾起之时，黄金阁很美。

朦胧的重檐十字顶，若隐若现的树木，都在雾气之上。

霓虹闪烁之时，黄金阁很美。

建筑的线条在灯光下尤显恢宏，明亮地进入视线，印入脑海。

登阁，似乎有人在耳边述说着千百年来黄金的跌宕风云，

回首，那萦绕不去的历史对话却又悄然不见。

这就是黄金阁的魅力所在。

它的脚下蔓延着繁复的金矿脉，

它的眼前是一座欣欣向荣的城。

我们能做的唯有登高远眺，

让一切喧嚣走远，唯有青山藏在白云间。

一座建筑一座城，每个城市都有一个标志性的灵魂建筑，那么对于金都招远来说，黄金阁便是其新的城市形象和灵魂所在。金瓦红墙，古朴凝重，巍峨高耸，气势雄浑。登阁远眺，风景如画，与寓意淘金的雕塑相比，黄金阁更添几分厚重之气。

地　　址：招远市西山风景区

景点概要：黄金阁高23.4米，建筑面积918平方米，其总体高度与地形的南北走向成黄金比例；采用北方官式建筑，共三层；是名副其实的以黄金文化为主题的城市标志性建筑。

金矿石 ——黄金之母

不是所有的金子都会熔铸成金锭、金砖，有些金子不舍石缘，在炼金炉前戛然而止，开始了一场金与石的相恋，光芒虽不慑人，却细碎温柔，通体虽不金黄，却姿态从容。

黄金，稀世之珍品；金石，天成之宝藏。

金石，是指含有贵金属，尤其是黄金的原矿石。黄金以金石为载体而存在，并赋予其华贵不凡的价值。古人云：“精诚所至，金石为开”。金石已经成为人们对黄金梦想的一种寄托和夙愿，若隐若现的金色光辉如太阳的光彩，赋予人们对永恒的渴望。

金都招远，自然成为金石所出之地。在这个遍地是金的城市，自然有着全国最好的金石。而作为中国最大的金石艺雕加工基地，黄金博物馆便是金石文化最为浓郁的地方。形态各异的原生黄金石、充满创意的黄金石雕刻、寓意深刻的金石作品，件件都让人目不暇接。

金石中各种成分复杂，是珍贵的地质矿石标本。这些元素呈现出不同的色彩与形状，彼此附着而聚集着，有着最为自然的美感呈现。金色的汞、发亮的石英，如同一个微观的矿石世界。最为重要的是，在这粗粝的外表之下，隐藏着黄金的影子，代表着财富与梦想的无限可能。于是，这也成了人们钟爱金石的重要原因，财富的诱惑就隐藏在金石中，让被称作“黄金之母”的金石瞬间成为人们目光追随之处。

地　　址：招远市阜山镇经济园区

电　　话：0535-8352000

景点概要：招远金都金石艺雕厂是国内唯一一家专业生产黄金石工艺品的厂家，是金牌旅游购物商店。依托得天独厚的金矿资源和迅猛发展的黄金产业，现已成为中国最大的黄金石艺雕加工基地。

黄金节

——为我们的狂欢找个理由

黄金作为人类信仰活动中不可或缺的物品，耀眼的光芒和色彩令人敬畏和崇拜，热爱黄金的人相信黄金拥有太阳般的力量和热度。为了这份痴迷和狂热，招远黄金节油然而生。

造物者鬼斧神工，为招远塑造了夺目黄金，滋养温泉，峻秀山峰，湛蓝大海，招远人也用自己的聪明才智延续着一代又一代的文明。“中国金都·山东招远黄金节”于每年的8月28日至8月30日举办，这是属于招远人的节日，也是属于世界范围内深爱黄金的人的节日。它以浩荡的黄金文化为依托，以丰富的黄金旅游线路为主线，以全新的探寻方式，穿越时空的感受让您了解黄金的前世今生，让您随着历史的轮回感受黄金的跌宕起伏。与此同时，这个以“弘扬黄金文化、提升金都品牌”为主题的盛会，将招远悠久的黄金文化和浓郁的乡土文化融合在一起，更全面地展示出了招远的别样风情。

温泉，浅唱

Hot spring, is singing gently

在招远，“黄金、温泉、森林、滨海、古村落”，构架起招远旅游的坚实基础和大美特色。其中“金都汤城”的说法足见黄金与温泉在招远旅游中的重要性。体验完“中国黄金第一游”，接下来，自然就是体验温泉带来的身心愉悦。

温泉给你的印象是什么？是烛光摇曳，木屐轻盈，清隽淡雅的明治风情画？抑或是“春寒赐浴华清池，温泉水滑洗凝脂”这唐代华丽浪漫文化氛围中的你侬我侬？其实抛开外在风格，温泉始终都是洗尽凡尘的温柔乡，吸引我们徜徉其中，流连忘返。来招远，听温泉浅唱现代生活的和谐优雅。

如果说黄金是招远的本色，那么温泉便是招远的体温。

招远温泉位于市区滚泉山下，又名滚泉。“西有东岳泰山傲苍穹，东有招邑汤泉甲天下。”千百年来，神奇的招远温泉吸引了无数的帝王将相、达官显贵纷至沓来，留下了诸多美丽的传说故事。唐王李世民竖指口夸“莱郡罗峰温泉甲天下”；在蒲松龄的《鲁公女》中，成就张于丹和鲁公女美好姻缘的亦是招邑温泉；温泉晚浴、鸳鸯河、断霜桥都有生动的故事……金都温泉被赋予的浪漫文化，令人心驰神往。

健康时代 “泉”因有你

秋冬最幸福的事情，就是泡在温泉中，驱走严寒与干燥，拥有暖阳般的心情。斗转星移，时移世易，犒劳自己皮肤这种昔日的“王谢堂前燕”，如今已“飞入寻常百姓人家”。

《本草纲目》中说，温泉可治疗“风筋骨挛缩，及肌皮顽痹，手足不遂，无眉发、疥癣诸疾”。唐朝白居易诗曰：“春寒赐浴华清池，温泉水滑洗凝脂。”寥寥数语，便道出了沐浴温泉的美妙境界。

现代人渐渐把泡温泉作为休闲、养生、解压甚至治疗的方法，这已成为趋势，并迅速在全球蔓延。温泉水富含大量偏硅酸、钾、钠、钙、镁、铁等多种对人体有益的微量元素，不仅对多种疾病均有疗效，而且有保健、美容、护肤的作用，还可促进新陈代谢及血液循环、改善体质及提高人体免疫力、缓解病痛、消除疲劳、恢复身心机能、舒缓情绪、焕发青春活力等。

山东是中国长江以北的温泉大省，丰富的地热资源和地下水资源共同孕育了山东的丰富温泉资源，其中温泉水天然自沸当数招远温泉。

来招远，去体验落水贵族，去感受极致舒适，数九寒天，泡在温泉里，欣赏如画风景，呼吸清新空气，在水汽蒸腾氤氲中浸润全身，都市中的繁忙劳碌一扫而光。让我们融化在温泉的“温柔乡”中，如徐霞客之感叹——不慕天池鸟，甘做温泉人！

招远泡汤——

5分钟忘记自己，20分钟忘记世界

招远温泉历史悠久，“汤泉最著骊山，最清香溪，最热遵化，然招邑汤泉，热不下遵化，其温凉并流，奇观为天下最”。招远温泉出井温度为98℃，天然自沸，整个地热产水量达3000立方米/小时，是山东省境内温度最高、出水量最大的热水泉。

水温高是招远温泉最大的特点，涌出地表的泉水温度高达98℃，而深层水温可达120℃，甲天下的称谓当仁不让。招远温泉的第二大特点是矿化度高，浮力、压力大，对人体的作用力强。三是所含的矿物化学成分极其丰富，最高为5395.64毫克/吨。泉水中含有具有重要医疗价值的微量放射元素镭、铀、氡等，对医治慢性关节炎、外伤、坐骨神经痛、慢性胃炎、高血压等多种疾病，都有显著的疗效。

绝无仅有的自然奇观，曾引得“朝圣者”纷至沓来。千百年来，官家与民间，世代都在开发利用，建汤造池，造福于民，让人们享尽这温泉之福。招远温泉也经历着它自己的蜕变发展过程：

第一代温泉只是洗浴，就是人们常说的“泡汤”；

第二代温泉是洗浴加游戏，强调温泉的动感、丰富；

第三代温泉则是洗浴加休闲，突出温泉是一种休闲旅游；

第四代温泉是最具包容性的，它不再专属某一类人，而是引入保健概念的全民共享温泉。

招远温泉，是全民的热爱，如今第四代温泉闪亮登场。它有适合游客不同体质、不同需求、不同价位的温泉浴，另外还有诸如恢复疲劳、减肥美容之类的水疗方案可供选择，以健康休闲为主题，把健康养生、休闲度假、文化体验等概念引入温泉开发中，引领温泉旅游文化大潮，使游客一年四季都可尽情享受温泉的营养。

在招远泡温泉，5分钟忘记自己，20分钟忘记世界。

身处一场旅行时，温泉将带给你无法言说的宠爱和关怀，舒适平和的音乐安抚你的心灵，愉悦的气氛使你回想起生命中的欢乐时光，精致的环境和造型设计带给你完美的视觉享受，静谧与独处，爱与释怀，放下与重生，这里已有世间最细腻的情怀！

大唐金汤园度假酒店

营业时间：7:30~24:00　　电话：0535-8068366

地址：九州路118号

大唐金汤园是一处以温泉旅游为核心的多功能综合社区，集休闲度假、康体养生、商务会议、运动游乐等功能于一体。大唐皇帝李世民东征时，曾在此下马，解甲卸鞍，龙浴汤泉。承载了无限尊贵和荣耀的大唐金汤园整体为唐代建筑风格，美轮美奂，置身其中宛若梦回大唐盛世。金碧辉煌，古朴典雅，仿佛踏入长安圣殿。若要在喧嚣的城市中，寻找一处清净舒适之地释放身心，那就在这碧绿的温泉水中浸泡掉满身的疲惫吧。

在水一方金都温泉国际休闲度假中心

营业时间：24小时　　电话：0535-8069999
地址：温泉路239号

具有热带风情的1000平方米的多功能游泳池；不同装饰风格以满足不同客人需要的包房；KTV、保健按摩、足疗中心和棋牌中心为广大游客提供温馨的配套服务。在水一方是您温馨的家。

金城温泉大酒店

客服电话：0535-8022688　　地址：温泉路212号

金城温泉大酒店温泉楼因采用富含二十多种矿物质的温泉水洗浴而得名，是健身理疗的最佳场所。

东方假日温泉洗浴游泳馆

电话：0535-8931111　　地址：初山路丽湖小区东200米

场馆集桑拿、洗浴、游泳于一体，内设国家级标准泳池。馆内引进了进口水循环和热水处理设备，24小时不间断对馆内温泉水进行循环、消毒、杀菌，游泳馆内设有全温控系统、中央空调和地暖设施，四季如春，室温宜人。

九州温泉怡心家园

电话：0535-8111699　　地址：温泉路169号

九州温泉怡心家园采用了独特的空间艺术设计元素，环境幽雅，设施先进，可为顾客提供温泉洗浴、理疗、汗蒸、美容、美发、瑜伽、健身、棋牌、媒体休闲、音乐茶座、自助餐饮等多种服务。

天池温泉

电话：0535-8366669　　地址：招远皮革花园小区

天池温泉位于招远皮革城一期项目边上，临近体育公园、黄金珠宝首饰城，是一家集温泉洗浴、餐饮、客房、休闲于一体的综合休闲洗浴场所。

金山耸立 Luo Shan

Golden mountain towers 罗山

4 金山耸立——罗山

生活绝不只是工作和重复，所以我们追求。于是，旅游，从不可一世发展到漫天飞扬。当游人已不再为新马泰掏空钱袋的时候，中国黄金第一游已经悄然升温。招远，让我们的出游更富有态度。中国黄金第一游，让旅游从消费变为增值，财富连同阅历的同时增值！为了我们的黄金梦，也为了我们的黄金游变得完美，我们来到罗山，攀登一座山水生态下掩映的“金山”……

地　　址：玲珑镇欧家夼村北两公里

景点介绍：罗山海拔759米，是招远境内最高山脉，胶东第三大山，山域面积18.8平方千米，大自然的天赐神授使这里成为亚洲最大的黄金矿田，且绿色满山、生机盎然。

名副其实的“金山”

游人来到黄金之都，一睹金山之风，实为人生一件幸事。钟爱山水生态与黄金珠宝的人，活得精彩。生活，是属于你的私有财产。

罗山是一座名副其实的金山，是亚洲第一金山。罗山是一部浓缩和透视了中国黄金历史的全景图，是上天恩赐于人世间活灵活现的天然黄金博物馆。罗山山脉黄金矿田纵横交错，采金遗址散布山野。天赐神授的罗山，是世界特大型天然金库，可谓金甲天下，山岳独尊。“罗马山，金玲珑，九曲山水十八重；尖斗砂，平斗金，金梁玉柱在其中。”驰名中外的亚洲第一金矿田——玲珑金矿田、中国黄金氧化矿床的地质标本——玲珑背、中国当代最大的黄金矿山企业——中矿金业股份有限公司和山东黄金矿业（玲珑）有限公司，都在罗山腹地。可以说，走上罗山便走在了金山之上。

沉醉在罗山的气息里

清晨，罗山慢慢醒来，幽谷里一片静谧

混合着泥土和青草气息的山风悄悄环绕

满目尽是苍翠欲滴的枝蔓，连呼吸都变得自在许多

那掩在翠林之中斑斓的彩石，更让人惊喜不已

青山绿水，灵涧飞瀑，松涛鸟鸣，一处一景安抚凡心

罗山之下，旅行和修行的距离越来越短。

绝版“高山流水”

站在高高的罗山之巅，整个罗山森林公园尽收眼底。极目远眺，云雾缭绕中金都风貌若隐若现。身在云端，远处群峰叠翠，逶迤多姿。

罗山的水奇泉清闻名天下，山泉水从山顶依山势倾泻而下，遇崖成瀑，又汇成潭、流成溪。云屯顶瀑布直挂悬崖峭壁，落差高达60余米。水流从崖顶的石罅中悬练垂幕，随风飘摇迸散，空气里有野花之味，有甘露之润。落涛沉潭，声若雷鸣，向东依山势下流，沿着山的脉搏九曲回转……

胶东览胜，秀甲罗峰，不墨千秋，锦卷天成。那秀出天际的奇山异峰，千姿百态，移步易行；那波山浪谷的重峦叠嶂，令人目不暇接；那漫山遍野的巨石，千奇百怪，惟妙惟肖，奇峰、异石、植被、花草将罗山装点成了一幅“浓妆淡抹总相宜”的锦绣画卷。

漫步在层叠山脉环绕中的罗山国家森林公园，线条粗犷的自然景观琳琅满目，目不暇接，映入眼帘的都是盎然的绿色；置身其间，但听鸟鸣蝉唱，松涛阵阵；但看花红树绿，苍翠如黛；呼吸着清新的空气，看崇山峻岭与云海树木如何浑然天成，远离了尘世的喧嚣纷扰，怡然自得。踏山游水浸春风，赏花观月意朦胧，身心悠然三界外，一朝怎舍罗山情。

羅峰郡

《忠烈罗峰》
——马战中看烽火岁月

史诗巨制，气势磅礴，将您带入那段金戈铁马的历史

烽火岁月，总是让人痴迷，而罗山，恰巧懂得我们的这份痴迷。

《忠烈罗峰》大型实景马战表演：战马、扬沙、炮战、长枪，全景式的电影表现，四处弥漫的战火硝烟，让游客瞬间穿越千年前的宏大古战场，给人强烈的视觉冲击和心灵震撼。

“人喊马嘶战鼓急，铁骑突出刀枪鸣”，表演开始，只见锣鼓喧天，战马嘶鸣，两军皆披甲载兵，刀枪耀眼，英姿勃发，威风凛凛。只听一声令下，演武场内顿时旌旗遮空，尘灰飞腾。勇士们手持长枪，有的倒立马背，有的俯身拾物，有的飞身跃马，有的金鸡独立，训练有素的高超技艺和强大的作战能力展露无遗。两军对垒，扬鞭策马，刀剑铿锵，烈焰冲天，大战数百回合，难分难解，胜负莫辨。

惊险刺激、技艺精湛的马术特技表演，将士们驰骋沙场的英雄气概和动人心魄的战争场面一定会让您眼花缭乱，叹为观止。

每个人心中都有一座欲望都市

Everyone has a desirable city in his heart

每个人心中都有一座欲望都市和一个疯狂购物的梦想。三五好友临时起意，找个明朗的日子，带上额度充沛的信用卡，选择一个惊艳世界的风尚地标，奔赴一座梦幻而奇妙的购物天堂。

而招远，就是一座既有大全之游又包容天下美物的购物天堂。美物，在于你我对事物的倾情程度，而世人皆倾慕的对象，无非金银珠宝、裘皮柔纱，五彩招远，蕴山川之美，凝日月之辉，正以其殷殷的期盼，等待八方游客。

打造女王Style

在招远，金光闪耀的黄金首饰让人目不暇接，珠光宝气贵气逼人；皮草柔软轻盈，雍容奢华。各大商场货柜上无比精致的物件，更让人眼花缭乱，叹为观止。在这里能满足你对欲望都市的所有想象。来招远，为自己的口袋减减肥，打造自己的女王style！

我们是谁？
乖巧的女儿，甜美的恋人，温婉的妻子，
但这一次，让我们做自己的女王。
我想要萦绕指尖的纯真浪漫，
我想要奢华到底的耳颈诱惑，
我想要高调有理的女王桂冠，
或优雅，或玲珑，或奢华，或简约，
做自己的女王，即使面容敌不过岁月，
却有灵物陪在身旁，喜怒哀乐，记载时光！

中国金都黄金珠宝首饰城

——永不落幕的黄金珠宝盛会

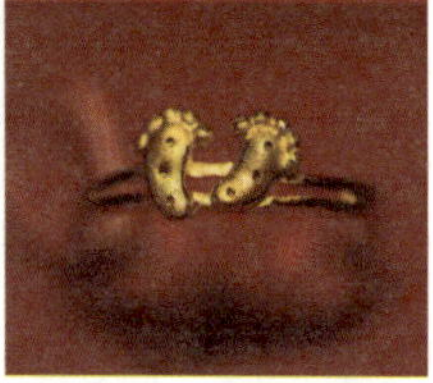

人类对于黄金的疯狂迷恋和追随是从金饰开始的，在未知其价值的情况下，人们对黄金首先是一种视觉迷幻。当物以稀为贵的信条在社会发展中被人们接受时，黄金及其制成品——金饰，理所当然成为权力与财富的象征，佩戴金饰成了社会地位的标签。

黄金具有极好的延展性和稳定性，可以捶打塑造成各种形状，1克黄金可以拉成两公里长的细丝或是万分之一毫米厚度的金箔，是所有金属中可塑性最强的，而且黄金耐腐蚀、抗氧化，是制作饰品的绝好材料。古人用黄金制作各种首饰，金臂钏、金步摇、金带扣，摇曳生辉，工匠们用锤炼、珐琅镶嵌等工艺将黄金制成各种形象，金丝缠绕、古典雅致。

现代金饰加工技术更为先进，在保证饰品硬度的同时，黄金纯度更高，形象更好。在现代科技条件下，最薄的金箔可薄至0.116~0.127微米，将23~26张极薄的金箔叠置起来，其厚度刚与蝉翼最薄处相当。而在材质上也陆续出现了“千足金”“万足金”等不同种类。例如2005年，招金银楼推出了“万足金”，产品成色全部达到了99.99%，是目前世界上成色最高的黄金饰品；2008年，招金银楼推出了又一力作——“梦幻硬千足金”，不仅保留了千足金的成色，还使其硬度增加到接近K金的程度，成功解决了黄金首饰使用过程中易划伤、易磨损的问题，使光泽度更好。

地　　址：招远市温泉路111号

电　　话：0535-8166999

景点概要：中国金都黄金珠宝首饰城是中国北方最大的集智能化、专业化、现代化于一体的黄金珠宝首饰专业交易市场。2008年5月被评定为国家3A级旅游景区。

迷咒未解

步入首饰城楼内，琳琅满目的金银珠宝、造型奇特的金石雕刻、珍奇稀有的手工艺品让人眼花缭乱。拿在手中，更是爱不释手，把玩片刻，不由让人心旷神怡，人性本真的购买欲在此膨胀，缭乱之中无从选择，如果可以，只想把所有都归入囊中，披金银器，染富贵风。

如今，人们对于黄金首饰的热情依然高涨，迷醉在那金色光芒与璀璨的光辉之间，谜咒未解。

执子之手，与子偕老，

是个陈旧的誓言。

或在你左心房上，刻下我们的爱情，

或用一枚戒指，串联起我俩手心的温度和内心的距离，

在这里，开启真爱的旅程。

皮草是女人心底最温柔的梦想。

天然、轻盈，呈现与生俱来的温暖触感，

像是儿时甜美的一个梦，

又像是一份倔强的独立宣言。

低调奢华的质感，工艺繁复的设计，

彰显出现代女性对美的渴望，对自我的褒奖。

缤纷的彩色让人绚烂多姿，充满欢乐，

相间的暗色调就是另外一种幸福，

无论颜色，皮草自有专属的温情和气质。

招远皮革城
——是谁诱惑了时光

地　　址： 招远市金晖路南首

电　　话： 4006-812-666

景点概要： 山东省内规模最大、最专业、配套设施最完善的皮革城。皮革城主打“亲民价格”，有“产、供、销”一体的完整产业链，让皮草消费从“贵族化”走向“平民化”，皮草、皮衣、箱包一站购齐，是首批“山东省旅游休闲购物街区”。

LUXURIOUS

奢华有道

如果说这个世界上只有一件物品能够在彰显女人的奢华性感之余，还能传达出一份高贵优雅的气质，那么非皮草莫属。打造女王style，女人们怎能不让自己满足一下对尊贵皮草的奢望！温柔的触感，幸福的滋味往往就在对自己的小满足之中。低调不凡，奢华有道。精致的女子随意地搭着一件皮草，高贵的气场让人惊艳。所谓的女王范，就是这样吧。

招远皮革城内众多国内外知名品牌汇聚，一番游览，意犹未尽；休息片刻，思绪万千；眼花缭乱的皮草满足了双眼的索求欲望，却也使心更加不能割舍。

楠铂万商业街

——集六大功能于一体，你还想要什么？

人在旅途，未知的前方无法重复相同的景象，
这是旅行的魅力，也是沉湎者的遗憾，
时间就像乘火车时不断后退的风景一样，难以抓获，
或许用一种最直接、快捷的货物手段，
能最有效地提醒自己，
“我曾在这段时空里浸淫过”，
来到招远，请原谅这些购物狂。

电　　话：0535-8115088

地　　址：招金路8号

景点介绍：楠铂万商业街20万平方米的徽派建筑群，既容纳了四个大型专业市场，又具有步行街所有的休闲、餐饮、娱乐等完善的配套，是集购物、餐饮、休闲、娱乐、观光、旅游集六大功能于一体的一站式消费公园。

一座城的自然宣言

The natural declaration of one city

在中国，乡村游从20世纪90年代开始风靡，以自然风光和民俗文化为载体的乡村休闲游，几乎瞬间抓住了每个“思乡”的国人。在这个浮华的时代，周末我们去乡村；节日，我们依然要去乡村。生态乡村，是招远这座泛金之城的自然宣言。

那青山绿水无恙，泥土依然芬芳

刘文正曾这样唱：重回可爱的家园，追求我的向往，那青山绿水无恙，泥土依然芬芳，日夜常怀想……

招远，一直以浓烈的金色示人。我们选择招远，是为赤裸裸的黄金欲，更为那些被金色掩盖了的大美乡村。

也许乡村游的重点不是游，而是为了体验一种回归的感觉。所谓“黄沙吹老了岁月，吹不尽我的思念……”。

如今，乡村游已经成为招远旅游的另一大新品牌，吸引了无数游客。越来越多的人来到这里，徜徉在乡间的小路上，呼吸着泥土的芬芳，远离城市的喧嚣，让心灵连同身体一起回归自然，享受一份宁静与平和。任思绪在风中飞扬，多少落寞惆怅，都随风飘散，遗忘在乡间的小路上……

让我们用一句稍显矫情的话，开启旅程——当城市化日新月异，田园更成为田园，真理说：田园就是田园，如此而已。

一方水土，永续田园

苍翠欲滴的山野，万紫千红映缀其中，一簇簇娇艳欲滴的果实挂在枝头，惹人垂怜。微风带来果香，一览那蓬勃的生命力满含着质朴的气息，这意境是一种诱惑，也是一种奢望。招远正是用这样一份纯粹和淡然，吸引着无数游客纷至沓来。

招远一定是备受造物者宠爱的，造物者给予其贵美金石和天然金汤，已然是得天地之灵秀，纳日月之精华，却在此基础上又馈赠一方沃土和一眼清泉。招远深感这份恩宠，用甘甜多汁的西瓜，鲜红甜脆的红富士苹果，娇艳可口的大樱桃回报这独一无二的宠爱。

来到招远，便是收获，看枝繁叶茂，看果实充盈，看山高水长，看云淡风轻。收获的不仅仅是那一口口醉人的香甜和充盈的满足感，更是一种心情，一种体验，一次如释重负的旅程。

青山磅礴，绿水潺潺，豁然的景致融入心境，感谢招远的这方水土，让田园永续！

去采摘，享受一个童年般的午后

每个人心里都有一种田园情结，收获能带给人最真实的喜悦。收获的不仅是果实，还有单纯的内心，平和的境遇，直白的幸福。目睹泥土中的生长及成熟，是一个人最好的哲思。

收获招远，品尝大自然的味道，有些地方绝对不能放过！

官地洼村被称为胶东西瓜第一村，山东省特色旅游村，于每年6月2日举办西瓜节。这里的西瓜不施任何农药，用深井矿泉水灌溉。丰收之时，几千万斤诱人的大西瓜让人垂涎欲滴。农业旅游观光园里硕果累累，圆圆绿绿，如一幅颜色浓重的油画。

山上李家村是招远的另一个旅游特色村，率先发展起大樱桃种植基地，“烟台金都大樱桃”个大味甜、果肉硬、口感好。特色乡村旅游配套设施完备，雾云山宾馆独具特色，提供优质食宿服务。农家餐馆，为游客提供特色农家菜。

双塔绿蔬园有机蔬菜基地隶属于全国最大的粉丝生产企业——烟台双塔食品股份有限公司，是农业部蔬菜标准园。园内分为食用菌和有机蔬菜项目，其中食用菌项目为国内之最。并有超市、网吧、餐馆等配套设施。来此采摘，不仅可以体验采摘果蔬的乐趣，还可品尝有机蔬菜，购买特色粉丝、有机手擀面等产品。

万寿山庄的“寿尊牌御贡金米”，挑选最新良种，采用人工耧种，纯天然，无污染，是真正的绿色食品、高端馈赠佳品。山庄内每年5月20日至7月10日提供樱桃采摘，是集观光、餐饮、采摘、休闲于一体的胶东优质农产品旅游基地。

招远是中国红富士苹果的发源地，享有“中国红富士之乡”的美誉。金水湖生态旅游区内的有机果蔬采摘一样不可错过，它还是休闲餐饮和垂钓的好去处。

如何度过在招远的时间？去采摘园，去垂钓、野餐，去望不到边际的有机蔬菜园，嗅一嗅果实的香气，听一听让人宁静的虫鸣之音。去招远乡村，去做一个任性的孩子，去享受一个童年般的午后。

地　　址：毕郭镇官地洼村，金岭镇山上李家村、双塔绿蔬园有机蔬菜基地、万寿山庄，蚕庄镇金水湖生态旅游区等

景点概要：收获招远，乡村大采摘，品尝大自然的味道。

畅享美味，然后与星星一起入眠

在食品安全频频出现问题的今天，吃到一顿放心的晚餐成了很多人的心愿。不妨就在招远品尝一番曾经的味道，然后就在这掩映于绿波翠色之中的特色山庄、农家院里住下来，享受山青水绿，鸟语果香，以及清新、温润的空气，然后与星星一起入眠。

在招远，一定要去堪称世外桃源的大鹏山庄去坐一坐，进入山庄，吃着地道的农家饭，体验一回返璞归真的感觉；天然绿色是这里的一大特色，因为这儿的菜、蛋、猪、鱼、瓜果等都是在山庄种植和养殖的；拥有精湛技艺的厨师可烹制600多种花色的美食；山庄是山东省旅游局评定的“五星级好客人家农家乐”。

国家2A级旅游景区南海林苑是另一处“五星级好客人家农家乐”，是集畜牧养殖、农作物和果树种植、观光、绿色餐饮、商

务、会务、休闲娱乐于一体的综合性休闲观光农业基地。除餐饮、客房外，还为顾客提供棋牌室、台球、乒乓球等娱乐项目及室外健身器材；拓展培训区拥有专业的高空拓展组合器材，让你在亲身体验的同时，也多了一个挑战自我的机会。

新盛浅水边会所位于金岭镇大河水库之畔，蓝天碧水，远离污染，是一家精工细作的特色餐饮名店，山东省“五星级好客人家农家乐”。会所建筑风格秉承中国传统神韵，青砖灰瓦，雕梁画栋。特色餐饮以绿色、养生、健康膳食为主题，精选我国南北方各种淡水鱼，佐以肉类、时蔬、海鲜，精工细作，平衡营养。会所另有住宿、垂钓提供给游客。

看过了果实丰收和那醉人的挂满枝头的娇艳，去一家特色餐饮店，品尝这土地上出产的天然美味，简单驻足，夜半留宿，已然十分美好。

地　　址：大鹏山庄、南海林苑、新盛浅水边会所

景点概要：食、住、玩一网打尽！

爱上金水湖，爱上慢生活

招远是激情上进的，招远也是闲适舒缓的，会生活的招远人打造了安于世外的金水湖生态旅游区。该旅游区位于蚕庄镇大诸流村东，占地达800亩，主要包括水上垂钓、生态酒店与有机蔬果采摘区，为游客提供观光、休闲、餐饮、有机采摘等全方位服务。

垂钓，在广阔的湖面上，垂钓者与鱼儿斗智斗勇，感受着休闲自在而又充满激情的生活。金水湖的垂钓区是具有国际水准的垂钓胜地，湖水清澈，时鱼鲜肥。我们来时这里正举行着紧张有趣的钓鱼比赛，平生第一次得见一杆下去，几秒钟之后两条鱼儿咬钩上来。苦于不会钓鱼的我，坐观垂钓者，徒有羡鱼情。垂钓金水湖，水波微澜，悠然自得，在闲暇之余，享受片刻闲适。

金水湖生态酒店是一处景观主题餐厅，利用植被、假山、水系等的营造自然氛围的就餐环境。小桥流水、竹木假山、厅台楼榭温馨婉约，高大的热带植物与纯净的鸡蛋花凸显热带风情，健身与会议设置则使其功能更加完备。融入生态与休闲的元素，使就餐会客成为现代人舒缓压力的一种方式，融入自然，感受古典园林的典雅宁静，酒不醉人人自醉。

有机果蔬采摘园，占地600亩，全部配套以色列进口的智能肥水一体化滴灌设施，生产高端有机果品和蔬菜，采摘园全部建成后年可生产有机绿色蔬菜60万斤，优质果品350万斤。届时将成为招远真正的鲜果桃源和采摘踏青无法割舍的目的地。

这里是招远的繁华世外，这里是招远的另一种生活，这里必将成为时尚、休闲、运动及身份的象征。

真正的乡村

——这里安放着乡情

在午后恬静的阳光中漫步乡村，脚步轻轻，村中少有行人，到处弥漫着闲适、原真的生活气息。

走进建于明洪武年间的金岭镇山里陈家，你会感受到一种浓浓的古香古韵，这里的每一棵树、每一座房子都有着说不完的故事。屋顶上雕刻着古朴花纹的瓦片、高高挑起的青灰色屋脊、门匾上已经褪色但仍依稀可见的彩绘、迎门墙上历经岁月剥蚀的石砖，都在提醒着人们历史的过往云烟。一脉叮咚醇美的山泉，哺育了这里世世代代的父老乡亲。依山傍水、四面环山的地理位置和纯净自然的生态环境，滋养了村民健朗的体魄，长寿老人在此村比比皆是。山中特产四季都可以采摘。“民俗博物馆”“红色纪念馆”“金岭人家戏剧团”等都不妨轻轻地去看一看。

阜山镇九曲蒋家村对旧村的黄金资源、生态资源、非物质文化资源进行了整体的开发建设，积极打造乡村民俗游、黄金游，成为山东省旅游特色村。九曲蒋家村在黄金产业的基础上，大力发展乡村旅游，因地制宜地进行生态旅游项目建设，修建了龙王庙、民俗文化苑、蔬菜采摘基地等景点；山庄内建造的别墅风格迥异，古往今来的辉煌在此对话。

旅游特色村玲珑镇欧家夼村地处罗山黄金文化旅游度假区，自然景色优美，旅游资源丰富，建成集观光、采摘、休闲于一体的农业采摘园，一年一度的槐花采摘节和蓝莓采摘节让游客乐此不疲，李瑞欣剪纸创作室弘扬和传播了中国传统民间剪纸艺术和文化，增添了文化魅力和氛围。

乡村的气息让记忆苏醒，更唤起人们去理解生命和土地的隐喻。它们真实、闲适地生活在招远这片充满阳光和香气的土地上，我们找寻，我们回归，因为这里安放着乡情，家在这里，历史在这里！

城市里的公园和公园里的城市

18至20世纪，一场将高品质景观引入城市中心的改革给都市人带来了深远的影响，有人说它对人类幸福生活的影响大于工业革命。城市中的公园，城市中的绿和肺，有了它，城市不再冷漠和荒凉。

招远是一座精致的小城，那份恬淡不仅存在于生态乡村，它对自然的宣言一样标榜于繁华都市，招远市区遍布城市公园，将这座城市金子般的光芒融入剔透玲珑的自然，那一抹摇曳的姹紫嫣红，用生机勃勃装点着城市，与远处耸立的高楼，形成一幅城市田园风光，在城市中听自然之声，林籁泉韵，生灵初啼。

招远人城市生态系统的建设成就了国家环保模范城。在这里，春日百花盛开、争奇斗艳，夏日树木葱茏、苍翠欲滴，秋日落叶遍地、枝干疏朗，冬日盖雪铺霜、神圣庄重。这里再不是一座灰白之城，它充满自由、活力而安定，绿意盎然，优雅文明。

凤凰岭公园

凤凰岭公园是招远高标准建设城市的一个缩影。它位于招远市金晖路与温泉路交会处的开发区中心地带，占地面积280亩。西面与黄金珠宝首饰城和金晖花园融为一体。诸多造型别致的建筑群与公园的绿树、鲜花、青草交映生辉，构成了一幅美丽的图画。公园主要分为源泉广场、生态广场、文化广场和山林野趣四大景区，以满足不同层次、不同性格、不同年龄的人对环境的需求。

龙王湖水利风景区

国家级水利风景区——“龙王湖风景区”的建成，极大地改善了这座城市的环境面貌，提升了人文生活环境质量，是集度假娱乐、观光健身、水生态保护为一体的多功能滨湖生态养生、休闲、旅游胜地。

风景区景色宜人，绿树成荫，花草争艳，各种游乐景点构思精巧，应有尽有。湖区美景如画，湖水碧波清澈，湖中鱼鸟同戏，水在城中、城在绿中、绿在水中，人水城和谐相依，成为城区一道亮丽的风景线。景区内的峡谷漂流，惊险刺激；人工湖泛舟，舒适安逸；跨湖景观桥横穿湖水，气势磅礴；湖光波影，廊桥栈道，音乐喷泉闻乐起舞，伴随着激昂的乐曲、流光溢彩的激光，一泓气势磅礴的喷泉从龙王湖湖面直冲云霄。

转角，重回家园

Round a corner, return home

所谓都市，不过是围城的另一种说法，里面的人想出来，外面的人想进去，而乡村才是安放乡情的最佳场所，那里有曾经为我们遮风挡雨的老屋、属于我们自己的乡愁和对过往的惦念……

想要一次远行，不会太远，也不会太近，
越过一座山，或者一条河流，
等我回来，会告诉你那里的秘密，
有关老屋，有关故乡，有关思念，
因为终点等待的目光，
远行的路途并不艰难，
古井和石板路，民俗与乡亲，
贴心的乡音，古老尘封的建筑，
似乎走得够远了，
却从未停下脚步，
因为我知道，
我要去远方，
我要回故乡。

玉兔呈祥漫天春
春满和谐居
福临平安门
福

生活的遗产

清华大学古建筑研究所所长楼庆西教授在他的《乡土建筑装饰艺术》里说道："乡土建筑作为中国古代建筑的一部分，与皇家建筑及城市建筑一样，同样是历史的载体。一座完整的村落，记载了古代中国农村的政治、经济与文化，村里的寺庙、祠堂、住宅、商铺等建筑，它们可以说是中国古代农耕社会的物化体，反映了古代农民的全部物质生活与精神生活。"

2000年，中国自然村总数为363万个，到了2010年锐减为271万个，仅仅10年内减少90万个。随着城市化的加快和乡村现代化的发展，那些延续了几百年，与中国的历史大事件息息相关的古村落，带着它那曾经无比辉煌的记忆，正在不可逆地渐渐消失，千年古村犹如美人迟暮。

丢失这些记忆，就像丢失我们自己一样，不记得来时的路，我们会走到哪里？一个没有历史记忆的生活环境将是多么苍白无力？

作为中国传统建筑精髓的重要组成部分，这些乡土建筑富含的意义并不仅仅是农业文明，它们曾经参与开辟了中国商业经济的新时代，以活态和立体的方式展现着历史的不同界面。古村落文化在中华文化中具有根基性地位，它们把几百年的风雨藏进了斑驳的墙壁，对历史的传承，比文字记载更准确、更生动、更真实。它们是亲切的、有人情味的建筑，因时光印记而珍贵，那一砖一瓦，一椽一木，无不讲述着最质朴的华夏民风。正如有学者概括：“它们是中国乡村社会的缩影，因其深厚的文化积淀、丰富的历史信息、意境深远的文化景观，而具有‘史考’的实证价值、‘史鉴’的研究价值、‘史貌’的审美价值。”

当人们在寻求一片有历史沉淀、留有先辈印记的精神家园时，不应该仅仅将目光停留在皇城相府、古庙城门，而是更应该注目那些带有历史和浓厚地域特色的古村落。

乡土建筑，生活的遗产。

一些过往与故事

以金都闻名于世的招远，旅游品牌日渐响亮。但也有许多不为人知的潜在旅游资源亟待挖掘，如位于辛庄镇及张星镇的孟格庄村、高家庄子村、大涝洼村、徐家村等山东省不可多得的古村落。

站在这些古老的青砖古墙前，会有些不知所措，不知该以怎样的心境与其对视，细致雕琢过的窗棂风采依旧，但淡了颜色，不知道这背后藏着多少离合悲欢。我很想诗意地与它们对话，问问那些故去的阴晴圆缺，聊聊那些幸福的白头到老，大喜大悲之后，沉静如水，保持着最初的和最后的沉默。

“古”这个字眼饱含了太多深意，一个遥远的时代，一段悠长的岁月。每一条石板路，每一块砖瓦，每一棵松柏，都是历史的聚焦。这些古村适合缓慢行走，让这些建筑伙同记忆，带给你长久的力量和平静。

现在，让我们走进鸡犬之声相闻的古村落……

孟格庄村

——中国近代“江北出版业摇篮”

中国传统村落、山东省历史文化名村孟格庄是近代华北书籍出版雅文化中心，在清中期可与潍坊杨家埠、天津杨柳青等年画制作民俗文化中心村落媲美，它对于研究中国近代雕版印刷向现代印刷业转变的历史极具价值。

孟格庄村至今保留着70余座十分精美的四合院，其民居门楼的雕饰建造精细程度也是胶东地区十分罕见的，特别是挂落木雕更蔚为大观。村内传统民居主要是“大书铺”和“二书铺”的住宅。咸丰至同治之初，招远孟格庄村青年刘金桂挑担卖书、笔为业，足迹踏遍胶东各县。后开设“成文堂”书铺，时人称为“大书铺”，出版出售图书，生意兴隆。光绪之初，大书铺已具备相当的规模，自己刻版印刷的书籍已相当精致，是为胶东印书出版业鼻祖。“诚文信”的创始人刘作信本来在大书铺当伙计，1875年左右辞职后另设书铺，因时间上比“成文堂”晚，村人都将其称为“二书铺”。后来，“诚文信”成为当时印刷

业中的佼佼者，孟格庄也因此被誉为中国近代“江北出版业摇篮”。

两家书铺不仅为我国特别是胶东一带的文化事业发展做出了贡献，还在家乡村落里留下了大量的清末仿北京四合院式的精美住宅。这些古民居由三条南北主街巷将六条东西短巷连接贯通，形成一体。修建最为豪华的是“二书铺”刘重先客屋，是典型的近现代中西风格建筑。至今虽已经历逾百年的风雨，建筑保存仍较为完好；尤其从英国进口的彩绘瓷砖照壁，仍然光彩照人；欧洲风格的大街门和石墩、石几也风韵依旧。如此民间建筑，在胶东半岛一带绝无仅有。

大书铺与二书铺的发展与变迁也成为故乡居民津津乐道的荣耀。

辉煌往事

刘金桂创办的成文堂是清道光年间胶东唯一的一家刻本书坊，当时胶东各县虽都有书店或书贩，但都只是卖书，唯有胶县成文堂的经营范围是从刻版、印刷、出版到发售，所以它的买卖除门市零售外也大量向各个县批发。清末时，仅藏存的图书雕版就占用了6间房屋。后又引进了先进的石印技术，大大降低了印刷成本，出版的图书更为精美，大受时人欢迎。

刘作信在经营二书铺期间，与南方商人来往密切，将业务延伸到文具领域，当时文人需要的宣纸、毛笔和墨等均可以在“诚文信”购得，为扩大经营打下了基础。同时，刘作信很有发展家族企业的理念，他有3个儿子、15个侄子，以“先”字排辈，总共18人。这18个兄弟分别在北京、天津、安东、哈尔滨、长春、吉林、营口、烟台、龙口、黄县、泰安、周村等地分设“诚文信”分号。之后的几代人子承父业，分别经营各地书局，在新中国成立前的出版发行业中，“诚文”字号已久负盛名。

“成文厚”字号的经理刘国梁是刘作信的第二代后人。1932年，以经营通俗读物、学生用书和文具为主的北京“显记成文厚”在西单北大街开业。刘国梁抓住了20世纪40年代开始的中国会计改进运动，与出版《改良中式簿记》一书的北京德泉簿记学校校长、会计师贾德泉合作，设计出国际通用的借贷式账簿及西式记账单据等三十余种。

值得一提的是，当时刘国梁已经具有很强的版权意识，在“显记成文厚”产品上均署上设计者的姓名，并郑重标明“翻印必究”。为了扩大账簿的声誉，刘国梁还精心设计了象征“成文厚”业务呈飞跃发展之势的商标——“燕飞大地”图形的“燕京牌”商标。“燕京牌”各种会计用品很快占领了华北、西北、东北的绝大部分市场，“成文厚”逐渐成为全国著名的主营会计用品的商铺。1980年，“成文厚”被商业部命名为第一批“中华老字号”。

中国墨水王——“鸵鸟”墨水

大书铺的伙计刘作信创办了二书铺，二书铺的伙计郭尧庭则研制出“鸵鸟”牌墨水。

郭尧庭15岁就离开家乡辛庄镇到辽宁安东的“诚文信”文具店做学徒，他踏实努力，深得老板刘重先的器重。1934年，为了避开伪满对东北的经济管制，开拓新的销路，郭尧庭被派到天津，一年后，建起了“诚文信”天津分店，字号为“诚文信德记文具店”。

当时提倡国货的呼声甚高，但是国产的盐基性墨水和墨水片在质量上根本无法与进口墨水抗衡。郭尧庭决心改良国产文具的品种和质量，早日结束洋货垄断市场的局面，积极投身于研制蜡笔、复写纸、速写纸和纸石板等工作中。他抓住“二战”期间进口墨水减少的契机，1942年，开始在店里组织研制使用范围广、销量大且极具发展前途的墨水。

根据资料记载，郭庭尧对墨水原料严格把关，非质量上乘者不使用。比如制墨水的水质，郭庭尧放弃成本低廉的白开水，选用造价较高的磺化煤处理水。而对于制墨水的主要原料品蓝块，也选用了货源紧、售价高昂的德国金牛牌和拨发。

经过两年多反复试验，不断调整配方、选择颜料、改进水质等，首先生产出少量普通墨水，取名“丽得”，供学生们使用。直到1945年，终于研制出了鞣酸铁墨水，即蓝黑墨水。此时市场上“骆驼”牌颜料正风靡全国，骆驼有耐久力，寓意颜料永不褪色。郭尧庭由此反思自己的“丽得”牌，感到很缺乏民族气息，遂决定停用此商标，而选择同样非常具有耐力的鸵鸟，为自己研制的墨水命名。优质的“鸵鸟”牌墨水宣传得法，销路大增，很快驰名于“三北”（华北、东北、西北）地区，并普及于全国。

诞生了新中国第一滴墨水的天津墨水厂，其前身就是诚文信文具制造厂。在1945年经过各项技术指标检测对照，鸵鸟高级蓝黑墨水质量可与美国派克墨水媲美。

高家庄子村

——两千年积淀的荣光

招远市辛庄镇沿海有一个保留着大片古民居的村庄——高家庄子。高家庄子村是中国历史文化名村、中国传统村落、山东省历史文化名村，它有着两千余年的发展史，悠久的岁月使这里沉淀了丰厚的乡村文化；这地域偏僻的小渔村，距离北京千里之遥，却到处闪耀着老北京建筑的身影。

清朝中后期，高家庄子村的徐氏家族在北京、济南、青岛、东北等地经商、为官，从而兴盛起来，便开始在村里大规模建设住宅、重修祠庙。当年，村里在京城经商的大户人家，带回了京城的工匠参与老家的住宅建设。于是，村里保留了大量京式与本地特色相结合的三合院、四合院式的民居。高家庄子村现有保存基本完好的传统民居院落186套，建筑面积约8000平方米，且类型多样。

这些古建筑以始建于明万历年间的关帝庙为中心，村子大街胡同纵横交集、古宅门楼高低错落、屋宇黛瓦鳞次栉比、青砖白石墙体整齐统一，木雕彩绘精美，是山东地区最具有传统特征、保存最完整的古村落之一，也是登莱滨海古官道上海防村落、商业村落和家族村落合三为一的典范。

福
福

“小北京”缘起

历史上的高家庄子，是渤海沿岸的一个小渔村，由高姓先人创建于西汉末年。元至正年间，奉命防倭看墩报警的渤海守墩吏徐进之携儿孙来此村安家，开始了徐姓一族的繁衍，历经世事生生不息。而“小北京”称号的缘起，则始于清咸丰年间徐氏二支十四世的徐素。

徐素出身贫寒，咸丰年间，离开高家庄子到北京学做生意。一次，在跟随客人去早市看古玩时，无意中买了一套旧供器，本欲自用，谁知这古董是一套价值连城的明朝珍贵官家供器。徐素大赚一笔，便在北京前门外开了家“三义广”绸缎庄。

咸丰九年（1859年）秋后，徐素去苏杭进货，因误了商机，只进了一大批黑、白绸缎，回京后积压在仓库一年半，濒临破产。咸丰十一年（1861年）七月十七日，咸丰皇帝驾崩于承德避暑山庄，一时间，黑、白布脱销，黑、白绸缎更价格暴涨，连皇室也到“三义广”购买。“三义广”因此获得了丰厚利润，闻名京城；后又设“三义德”等分号，买卖兴隆。

崛起之后的“三义广”常年用大车向老家运送白银，本族一度成为大户。民国六年（1917年），十七世孙徐其清在济南、潍坊两地开设“泰丰楼”大饭庄，经营鲁菜，生意兴旺。此时，徐氏儿孙纷纷回乡买地盖房。由于在京城经商的人带回了京城的工匠参与老家的住宅建设，从而形成了独具风格的北京四合院式的传统民居。当年，徐氏一族有房屋300余间，骡马200余匹，木轮大车百余辆，热闹异常。

清同治年间，为防捻军袭扰，徐氏族人筹资环村修建了一道全部由黄土夯实的围子墙。光绪年间，徐素的堂孙徐潜修，又集族人之财力，环村重新修建三合土（黏土、沙子、石灰）围子墙，历时三年告竣，耗银数万两。

大涝洼村

——耕读商传家

大涝洼村是中国传统村落、山东省历史文化名村。走在大涝洼村中，徜徉在古朴的街道上，两边的老墙老巷、古树古宅，如同一幅被时空遗留下来的画卷，徐徐展现在我们的面前。满树花香的高大梧桐树，颓废的泥墙，错落的胡同…… 一切的一切都似曾相识，又杳然梦中。

大涝洼村，历史悠久。明洪武二年（1369年），始祖李安、李厚兄弟二人，由四川省金堂县迁徙于此定居。因村中地势较洼，经常污涝，故名。至今640余年，人口繁衍极盛，已传至二十世。内地多个大城市，香港、台湾地区以及英、法、日等国家，均有大涝洼村李氏后裔。

大涝洼村由古至今以耕读商传家，是文化文明之村。明、清时期，村中男孩八九岁开始上学读书，十五六岁就到都市做事，为商者颇多。因有文化，也培育出一些文武名人。

自清乾隆时期开始，村民便到京城谋生，他们经过一番打拼最终取得了辉煌的成就。富起来的经商大户，纷纷回乡置地建房，并带回京都名匠参与老家建设，使村里形成一个京式与本地建筑风格相结合的三合院、四合院式的民居群。加上村民受过教育，有文化的人比较多，有素质、有修养、讲道德、讲文明，故大涝洼村同邻村高家庄子一样，逐渐被外界称为“招远小北京”。

与高家庄子村一样，大涝洼村也是辛庄镇保存完好的传统村落之一，现存民居整体布局是明清时期遗留的。既有家庙也有类型各异、年代早晚不同的传统民居120处，且有胶东地区较为罕见的民居斗拱装饰、由精细方石砌筑的“十三太保”山墙等。

新春万福
福
福
門第春生金
德高家有福
福

徐家村

——“龙口粉丝”享誉世界

张星镇徐家村是中国传统村落、山东省历史文化名村，为典型的胶东山村居住区，是世界著名品牌“龙口粉丝”的创立者——以徐登墉为代表的徐氏（史称“鸿泰”）粉丝家族的故乡，至今保留龙口粉丝（纯绿豆）传统制作工艺。

明成化年间，徐姓由本县前柳行村迁此定居，因处垛石山口后，故名口后徐家，后简称徐家。徐家村现有古民居79套，其中有普通简陋的明清原始建筑，又有以鸿泰家园为代表的规格较高的清末民初建筑。俯瞰徐家村，古居成片，街巷纵横；拐子巷独领风骚，大过街彰显大家气派；徐天华故居、徐光嗣故居为胶东地区工艺最精湛、文化品位最高、保存最完好的四合院，堪称民用建筑的精华，是京式风格、东北风格与胶东风格的完美组合，其木雕精细，砖雕令人叫绝，挑檐石采用青砖斗拱，屋梁屋笆编织精细，构造精美，处处蕴含着丰富的传统建筑艺术。有专家指出，徐家村是目前胶东地区规模最大、保存最为完整、各类型历史建筑最为齐全的古山村之一。

7 转角，重回家园

LONGKOUFENSI

“鸿泰”号与“龙口粉丝”

招远市不仅是中国金都，还是中国粉丝之都。数百年来，招远始终为中国第一大粉丝生产基地，占全国总产量和出口总量的70%～80%，可谓粉丝王国。“龙口粉丝”是享誉世界的著名品牌，可是，对于龙口粉丝的品牌是由谁创立的，却鲜有人知。

“龙口粉丝”的品牌创立者，就是徐家村以徐登墉为代表的徐氏“鸿泰”粉丝家族，传统制作工艺保留至今。“聚兴昌”粉庄在罗山黄金文化旅游度假区内的淘金小镇进行实景展示。

清嘉庆五年（1800年），张星镇北里庄村村民王国俊带领弟弟王国欣、王国义开办招远首座绿豆粉丝生产作坊，带动招远北乡多家绿豆粉坊的兴建。清道光六年（1826年），王国俊又将粉丝作坊开到北京清河县，带动招远多家粉坊到北京一带经营。

当时的徐家村人徐国干、张氏夫妇，带着5个儿子往返于招远城、黄县城之间，以贩卖芝麻养家糊口。徐国干的五儿子徐登庸，在随父母做买卖的过程中发现，招远的绿豆粉丝生产，受到原料购进和产品销售渠道的制约，因而他想当中间商，开一家专门收购绿豆粉丝并代为购进绿豆原料的店铺，既能促进粉丝生产，又有利可图。

清道光二十九年（1849年），徐登庸在招城南坝与一曲姓人士合资白银1000两开办“福聚”号粉庄，徐登庸为大掌柜，曲姓人士为二掌柜。福聚号将采购的绿豆粉丝经烟台码头运往香港，再转运到东南亚等地，生意十分兴隆。这使徐登庸成为招远粉庄的鼻祖。

清咸丰四年（1854年），因对方不同意扩大规模，徐登庸退还曲家的股金，单独在招城做粉庄生意，生意兴隆大胜以前。同年，徐登庸又在招城投资开设“聚泰福”粉庄，选用长兄徐登科的独子徐春和任掌柜，并雇工40余人开设一处粉坊自产、自销绿豆粉丝。

招远粉丝生产的兴盛，带动了周边县的粉丝生产，使当时的烟台港成为全国最大的粉丝输出地。但是，由于外埠粉丝质量杂乱不一，严重影响了招远粉丝的声誉。咸丰十年（1860年），为消除影响，徐登庸决定在龙口建立粉庄，把招远粉丝改由龙口港输出。为区别于烟台港出口的粉丝，徐氏粉庄在包装物上标以“龙口粉丝”、“招远基本地”字样，“龙口”粉丝由此冠名。

与此同时，徐登庸携族人投资黄金1000余两，在香港开设“鸿泰”号粉丝经销店，自任总裁，将招远产的绿豆粉丝转销世界多地，因而使龙口粉丝名扬国际。

徐氏族人开粉庄挣钱后，纷纷到村里置田盖房，建成远近闻名的鸿泰家园。

招远的文化金矿

在招远，有三种“黄金”，一是地下埋藏的黄金，二是软黄金皮草，三是文化金矿。挖掘不完的，是文化金矿。

位于招远的数座古村落即是这不可多得的文化金矿之一。传统村落和历史文化名村作为不可再生的重要文化遗产，在国家文化产业和旅游产业发展中占据着越来越重要的地位。然而随着社会的发展，那从历史中走来、散发着时光余晖的古村落，大多却即将成为通向未来的一抹尘埃。有幸，我们今天觉醒。招远市的文化旅游资源正在被深入挖掘。这些古村落经过适当的规划建设和保护修缮，将成为胶东地区唯一的古村落旅游目的地和重要的民俗旅游体验地，并可成为国内罕见的实景影视拍摄基地。这也将成为招远辛庄海滨旅游度假区不同于胶东半岛其他海滨旅游区的重要特色，丰富了目前半岛地区的旅游内容，既弘扬了中国传统民族文化，又促进了优秀传统建筑艺术的传承与延续。

北方的古村，不似江南水乡般柔美，却带着一种可以栖居的宁静，和一种遗世而独立的倔强。座座屋舍恬静栖息，泥土囤积的墙壁还在抵挡风雨；民间故事从襁褓到耄耋，未曾停歇；拴马石透露着主人昔日的显赫，门楣上的金漆牌匾依旧清晰可辨；高大而婆娑的古树，依然枝繁叶茂活力奋发；那老屋上四季的风，将成为一曲历史的绝唱，迎接一批又一批游人深情的凝视！

时光中的童年梦

The time in childhood dream

敞开胸怀，重拾童真乐趣，是我们的荣幸。

在招远辛庄海滨，清澈的天空，悠闲的浪花，我们赤脚烂漫，拾捡贝壳；在架旗山游乐园，震撼刺激的峡谷漂流，妙趣横生的儿童乐园，一种似曾相识并想念的情景酣畅淋漓地重现。外面那个尘俗喧嚣的世界忽然很远，我们回到了生命最开始的时光。

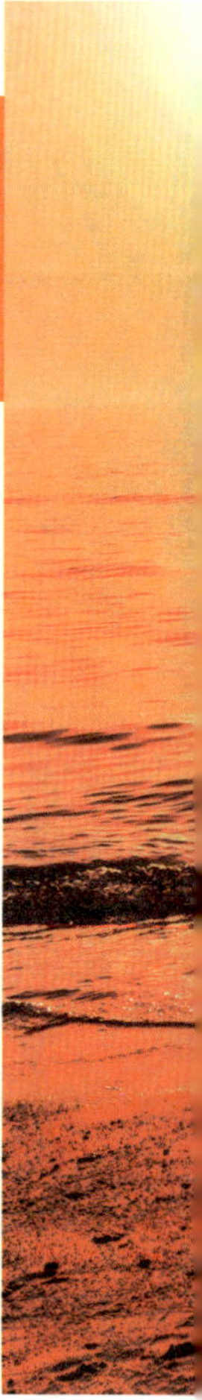

春雨滨海度假区

——这里属于孩子，也属于我们

地　　址：山东省招远市辛庄

电　　话：0535-8357088

景点概要：春雨滨海度假区位于渤海湾辛庄海滨，其主要功能为餐饮、住宿、娱乐、休闲。度假村风格主要体现游泳娱乐，避暑度假，疗养健身于一体的渔村特色。村内建筑风格典雅大方，人文景观赏心悦目。这里盛产各种海鲜珍品，鲜美营养，可以让游客尽享“海鲜大宴”，是中外宾客理想的度假休闲胜地。

每当黄昏降临，站在城市高楼的某个窗口眺望，

眼前的大地如此拥挤，天空却无边无际，

妄想回到那个可以耍赖和尽情欢快的年代，

像孩子一样奔跑在宽阔的海边，脚趾间塞满沙子，

像孩子一样追逐海浪，水珠飞溅脸上。

其实，童真本不只是孩子的专利，

而是一种可以融入身心的生活态度，

有童心的人了不起，

春雨海滨度假区，

这里属于孩子，也属于我们。

半烈焰，半蔚蓝

黄金之焰，是欲望；蓝海之潮，涤荡心绪。黄金与海，犹如执着与放下，矛盾双方。而招远，刚柔并济，阴阳同归，半烈焰半蔚蓝，柔情万种又铮铮铁骨。

春雨滨海度假村位于渤海湾辛庄海滨，是海洋文化、黄金文化、古典文化和现代文化相融合的体现。在海边踏浪戏水、捉蟹拾贝、撒网捕鱼、自由垂钓，体验收获的乐趣；走进渔家厨房，亲自烹饪一道海鲜大餐；置身海水浴场，多种多样的游乐项目更是让人目不暇接，在海上可以游泳、冲浪、划船；室内海水浴场更是大人和孩子共同的乐园；在陆上有沙滩烧烤、沙滩竞技、沙滩舞会、碰碰船和电子射击等，在这样的环境下，总能忘掉一切，全身心地释放，其乐无穷。

随着私家车的普及和人们生活休闲观念的改变，自驾游也越来越受欢迎，辛庄滨海自驾游营地，聚集了来自各地的游人，在户外安心地享受蓝天碧海吧。

躲在太阳伞下，偎依在躺椅上，吹着温润的海风，天空中飘着朵朵白云，山高海阔，山绿海碧，山呼海应，原来惬意是这么唾手可得……

最是宁静，能致“远”

招远的海是宁静的，
这种宁静与声音无关，与心灵有染。

日出时，招远的海是宁静的，
四周一片清净，只有朦胧中荡着船的轰鸣，
天空从浅蓝瞬间变得通彻明亮，
那一刹那，让人感觉除了海和天空，连自己也是镀了光亮的。

日落时，招远的海是宁静的，
夕阳一点点坠入海平面，海面上浮动着一层悦动的红，
光与暗交错出一片宁静，
城市的宁静让人不安，
招远的海宁静得温暖亲切。

一个人时，招远的海是宁静的，
随意地把自己扔在沙滩上或者雕塑一样固定着，
随着那永恒的冲击沙滩的声音，身心渐渐松弛，
不知身在何处，心却有了追寻。

游客如织时，招远的海是宁静的，
不管身旁是踢足球的少年，是玲珑多姿笑靥如花的少女，
是牵手漫步的恋人，还是追逐嬉闹的玩伴，
一切看起来那么热闹非凡，却又安静祥和，
招远的海是宁静的。

架旗山游乐园
——欢乐王国

架旗山游乐园中什么最多？
是设施齐全的游乐项目？
还是各商家斗艳的旅游纪念品？
答案是欢乐。
是随时随地都可能被感染的笑声，
是常常不知所以得意忘形的放纵姿态，
是参加峡谷漂流的女孩们发出的尖叫，
是游戏中孩子们的追逐，打闹。
是将孩子高高举过头顶，眼神和嘴角充满骄傲的父亲，
是微笑着向妈妈炫耀自己“战绩”的孩子，
这里的相片，每一张都无须后期加工，
因为在这里，欢笑，为所有人代言。

地　　址：招远市罗峰办事处龙王庙下村北

电　　话：0535-8066900

景点概要：架旗山游乐园是山东中矿集团实施产业转型继中国黄金实景博览苑和淘金小镇景区之后建成的重点旅游项目，园区依山傍水，风景秀丽。由游客服务中心、水上乐园、儿童乐园、山地CS区、峡谷漂流区、高尔夫俱乐部、会馆、露天温泉、美食娱乐城组成，拥有水上飘球、旋转飞椅、豪华转马、碰碰车、海马精灵、大青虫等多种游乐设备，是理想的游乐场所。

嘴巴在旅行

Your mouth is in travel

如果说旅行的意义在于发现，肆意行走于招远的大街小巷，你的舌尖会瞬间被这种惊喜所征服。带上嘴巴去旅行，用味蕾记忆一座城市的温存，总是让人意犹未尽。即使旅行结束，曾经绽放于舌尖之上的味蕾诱惑，浓缩成心头上的朱砂，也让人念念不忘。

9 嘴巴在旅行

海鲜，还是海鲜

对游客来说，到了海滨城市第一样还是要吃海鲜，或者买海产品带走，就这么干脆！

步步领“鲜”的招远味道

最能展现一个城市全貌的地方，或许不止于某个名胜，某个餐厅，但如果是某个熙熙攘攘的集市，或许能提炼出整个城市的缩影，它一定堆满了这个城市最引以为豪的物产。临山，靠海，还是大片平原牧场，几乎在这里就可以嗅出它的经度和纬度。

招远当地的海鲜市场，各色生猛鲜活的海鲜令人眼花缭乱，螃蟹，海螺，海虾，海蜇，海参，鲍鱼，扇贝……外地人垂涎三尺的模样惹得招远市民心生骄傲。适合带走的，无论之后是清蒸、白灼还是凉拌，通通带走。

餐桌上的海洋世界

在招远，餐桌上是别具风味的海洋世界。南方海鲜，鲜得文雅，一丝一丝绕在舌边，北方海鲜，则是连鲜味都很直接。那种味道有点霸道，长驱直入地掠夺你的味觉。

吃海鲜也是一种修行，放开你的心胸，抛弃咸辣油麻甜等味重的恶习，洗心革面地接受没有矫饰食物的本味洗礼。不过招远将调味的权利交付食客，海鲜做得极为清淡，酱料另上，可以蘸酱来吃，浓淡自选。闻之清新入胃，食之唇齿留香，品之独具特色，让人难以忘怀。

招远特色海鲜

鲍鱼：肉质柔软细滑，因取其谐音“包余”，示意包里有用之不尽的余钱。

扇贝：烤扇贝味道最好，加酱、蒜蓉、粉丝。

螃蟹：清蒸为上，既保持原味的鲜，又有色性之美，蘸姜蒜醋配成的调料，和乐融融在其中。

海参：肉质软嫩，是高蛋白、低脂肪的丰腴美味。早上空腹吃一只海参是大补，平时可做海参粥，味道鲜美。

小食光

招远四季分明，物产丰富。春暖春种，夏热夏长，秋凉秋收，冬寒冬藏，招远物种和饮食文化也以特有的方式跟你一起共度日生月长。

最美丽的阳光、水土、风物和感受都密封在食物当中，看似平常随意，却包含了万千故事和感情；身临其境的美食体验，细细品评，自能揣摩一番当中的浓稠心意。

招远特色美食

招远羊汤

“一锅羊汤香万里，十里布绮闻香醉！日饮上汤三大碗，不辞长做杜家客。”招远羊汤的魅力在于热烈火辣、香鲜清新，给人以热量和温暖。其中尤以杜家羊汤、大秦家羊汤称最。

招远毛蛋

招远的毛蛋实为一绝。毛蛋以孵化14天左右最为好吃，香嫩可口，深受欢迎。

淘金小镇豆浆

豆浆是国民普遍喜爱的美食，招远淘金小镇豆浆、豆腐脑让您在充满宋代生活气息的古镇中，体验最纯粹的绿色原生态食品。

水盘芝麻糖

招远水盘芝麻糖距今已有70年的历史。由小麦芽、玉米面、芝麻等加工而成。色泽淡黄，外表裹着一层薄薄的芝麻粒，具有香、甜（低糖）、酥、脆等特点，美味诱人。

粉浆饭

粉浆饭的主要原料是加工粉丝的原浆。粉浆饭的做法很多。有的不加任何作料，有的搅进高粱面、白面或玉米面熬成稀饭，如在粉浆饭中放入黄豆、花生米、碎粉丝或者豆腐干切成的丝儿或丁儿，再放上点儿青菜叶，则风味就更加独特鲜美。

一座有信物的城

一座有信物的城，绝对不会让游人感觉孤单。即使你离开许久，拿出来把玩摩挲，也不至于流失了大城小事里的美好时光。好的信物不需要言语，就能瞬间的让你喊出这座城市对应的名字，比如看到旗袍你会怀念起上海滩的花样年华，一盏青花瓷让你的目光流转到景德镇。

那么招远呢？

爱它，就把它带走

黄 金

它的照耀，使招远成为泛金之地

招远为我们缔造了一个庞大的黄金王国。漫步中国金都黄金珠宝首饰城，才真正了解到什么是珠光宝气和奢华磅礴。各式各样的首饰、金银手工艺品在珠宝首饰城这个大家庭里，散发出温和的光，迷人的气息让人感觉温暖。认真地挑选一样纪念品，是对自己的宠爱。

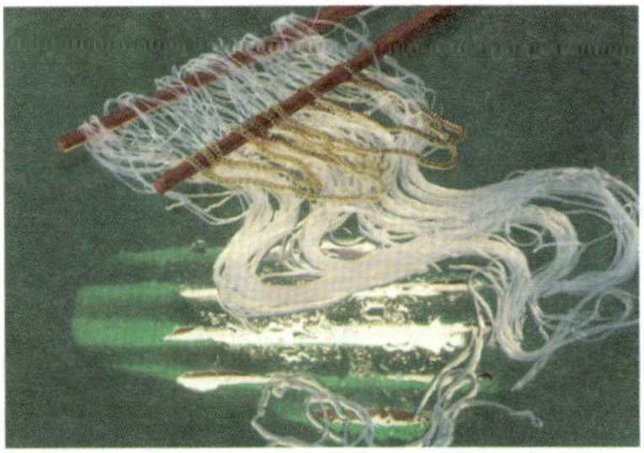

粉 丝

招远"银丝"，香飘天下

龙口粉丝招远产。久负盛名、誉满中外的"龙口粉丝"发源于招远，已有300多年的历史。1860年，招远绿豆粉丝首从龙口港出口，并在包装物上冠以"龙口粉丝——招远基本地"字样，从此龙口粉丝饮誉海内外。其丝条细匀，光洁透明，质地柔韧，在水中浸泡48小时不变色，不发涨，食用爽口，味道醇正。2004年，招远被授予"中国粉丝之都"的称号。

红富士苹果

红艳艳，像笑脸一样灿烂

招远1967年引入富士苹果接穗进行嫁接种植，1988年成为全国红富士苹果种植面积最大、产量最高的县市。得益于招远得天独厚的自然条件和先进的生产技术，招远红富士色艳形正、口感清爽、汁多脆甜、久贮不绵、营养丰富。招远于1995年被首批百家中国特产之乡命名宣传活动组委会命名为“中国红富士苹果之乡”。

花饽饽

是食物，也是艺术

胶东地区的大饽饽名扬四海，它喜庆张扬，坦率地展示着普通劳动人民对生活的美好向往和祝福。胶东大饽饽有很多种样式，不同的地域有着不同的表现方式，招远花饽饽为其中精品。祭祀、婚庆、建房上梁、生日百岁、探亲访友，不同的用途由不同的套件组成，花样繁多，极尽精美。

招远有梦

——未来规划

Zhaoyuan has a dream-future plann

招远有梦
一个奢华却不浮夸的黄金梦
一个在时光中沉淀的童年梦
一个农家田园中喜获的丰收梦
一个步步风情忆宋朝的穿越梦
在招远，你会认真地对待这个城市
更会真诚地对待自己的人生
在招远，你会感受到积极向上的精神与海纳百川的气魄
就像黄金一样，质地和色彩永远不会因为岁月的斑驳而变得颓废
就像大海一样，历史的烟云和世事的喧嚣扰不了它的淡定从容
就像罗山一样，蕴着金脉含着奇峰揽着怪石却依旧一路繁花旖旎
招远有梦

又一个起点，又一轮朝阳

游历招远，领略了这座年轻城市焕发出的浪漫色彩，当我们感怀于它的昭昭物华，历历光辉之时，创新奋进的招远人却并没有停下前进的脚步，他们展望未来，引吭高歌，一路欢笑，开启了又一个起点，又一轮朝阳。

在招远这片大地上，希望像火焰一样燃烧。他们用想象力，沿着太阳的边缘弹奏了一曲旅游大时代的高山流水。未来的招远旅游是真正的梦想工程，大全之游！山水伴篇章，传奇幕幕上演，宛如沙海拣金，处处精华，浩荡若梦，慷慨激昂。

罗山大型山水玄幻实景演出《金山佛谕》

《金山佛谕》，一座与地球同龄的剧场，一场震撼的山水实景演出，昌林山水文化产业（招远）有限公司联合中国著名山水实景演出创始人梅帅元导演的核心创作团队共同打造了该项目。以“亚洲第一金山”罗山为演出大背景，围绕佛教主题、体现黄金文化内涵，量身定制，恢宏大气，将于2015年夏天隆重启幕。

轻歌如虹、色如斓霓，乐曲悠扬、彩练翩然。有一个剧场不是神坛不是市井，它是天地之间的自然山水。星光如炬，照进夜的幕、地的台，你的面前，故事从天地洪荒开始；你的身后，是最朴素又最壮美的山山水水……

伴着山峦苍茫、夜空深邃，远山似乎也被明灭的灯光焰火唤醒，一场对灵魂的叩击、一场旷世之作、一场天人合一的盛典隆重上演！

《金山佛谕》演出地址：罗山黄金文化旅游度假区

联系电话：0535-8368666

招远古村落文化旅游小镇

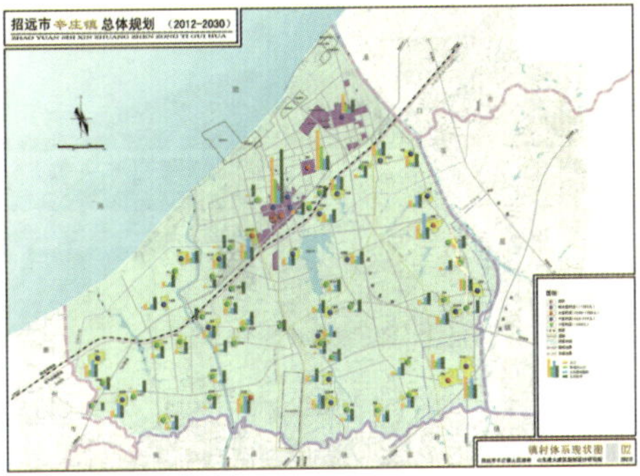

依托招远古村落资源及招远乃至整个胶东地区的丰富民俗文化，以书铺文化和老字号商业文化为特色，胶东民俗文化为基础，招远将积极打造招远古村落文化旅游小镇。发展文化创意产业和旅游节事活动，从而带动小镇文化休闲、旅游度假和旅游地产的综合发展。

将来的旅游小镇将囊括滨湖休闲公园、金街、胶东民俗文化街、书铺文化商业街、银巷、刘家巷、招远古村落博物馆、生态停车场等一系列项目，以及完善的配套设施，提供餐饮、娱乐等服务。

漫步旅游小镇，仿若穿越时空的梦境。如果万世共铸的胶东文化是一座皇宫，那么招远古村落则是一座可视可颂可感知的宏大陈列馆。这里有风光的景致，有人文的厚重，有历史的沉淀。蕴含着招远人特有的精神价值、思维方式、想象力和文化意识，体现着历代招远人的生命力和创造力，自然纯真、典雅质朴。

美好，不止于此

“日新月异”这个词在招远分外生动。未来的招远旅游，是另一首宏大的史诗，我们现在所呈现给您的只能是一个剪辑，一个片段，就让这美好，成为期待，珍藏于脑海，未来见证！

大唐金汤园露天温泉是金都·汤城旅游项目的二期工程，仿唐园林式建筑，荟萃古今中外温泉洗浴经典，集温泉洗浴、住宿美食、康体保健、生态旅游、休闲养生于一体，为您提供全天候的“心”瑜伽，为每一个沐浴它的人带来长久的力量与平静。

招远黄金文化旅游度假区将突出黄金文化主题，以创建省级黄金文化旅游度假区为抓手，加快“金、泉、山、海”旅游资源开发，由罗山景区带动玲珑镇旅游业和服务业跨越发展，将罗山旅游区建设成为商务休闲和康复疗养相结合的高端度假胜地和公众休闲娱乐胜地。

金色田园创意基地投资27亿元，一期已完成主体工程；中国夼上艺术区投资3000万元，已投入使用；罗山“大学之道”项目、金都峰景区项目、招远民俗博物馆等项目也已全面开工。辛庄镇大力发展滨海旅游，与旅游业配套的餐饮、娱乐等设施的建设正加

整体鸟瞰效果图

快步伐。以海岸线特色资源为载体，依托“一海、一湖、三河”的自然优势，深度开发旅游资源，打造旅游休闲度假中心。

未来不只有黄金文化主题旅游产品、休闲度假产品和生态旅游产品，乡村休闲和民俗旅游产品都将取得长足发展。招远还将积极争创国家5A级旅游景区、国家级旅游度假区、国际知名的黄金文化主题旅游目的地。

明天，招远旅游人用阳光和美好，昂首挺胸，气振苍穹！

明日的招远之旅，或许会为幸福烦恼——是先去看一场大型山水实景演出；还是漫步古村，欣赏那永恒美好的星月；抑或是先告诉亲朋们招远的魅力所在？

附录：（一）招远住宿推荐

金城温泉大酒店
酒店星级：★★★★
地址：招远市温泉路212号
电话：0535-8025800 8111888

招金舜和国际饭店
酒店星级：★★★★
地址：罗山黄金文化旅游度假区（玲珑镇欧家夼村北）
电话：0535-8068888

招远金都宾馆
酒店星级：★★★
地址：招远市迎宾路110号
电话：0535-8151105

黄金博览苑大酒店
酒店星级：★★★
地址：罗山黄金文化旅游度假区（玲珑镇欧家夼村东）
电话：0535-8368780

招远御花园大酒店
酒店星级：★★★
地址：招远市初山路23号
电话：0535-8099777

兴隆盛大酒店
酒店星级：★★★
地址：招远市金龙路888号
电话：0535-8076666

招远市供销社宾馆
酒店星级：★★
地址：招远市迎宾路130号
电话：0535-8213765

金海大厦
酒店星级：★★★
地址：招远市罗峰路158号
电话：0535-8235684

黄金宾馆
酒店星级：★★ 地址：招远市温泉路272号 电话：0535-8254222

（二）招远旅行社推荐

	名称	地址	电话
旅行社	金招旅行社	罗峰路159号	0535-8243333
	金城旅行社	温泉路212号	0535-8112880
	黄金旅行社	温泉路306号	0535-8251766
	金泉旅行社	温泉路316号	0535-8069898
	春雨旅行社	温泉路226号	0535-8067555
	春秋旅行社	府前路12号	0535-8037555
	金都罗山旅行社	招远市温泉路188号日月泉1楼	0535-8087555
分社	烟台交运旅行社有限责任公司招远分公司	金城路319号	0535-8216446
门市部	烟台平安旅行社招远门市部	罗峰路113号	0535-8030033
	金招旅行社招远门市部	招远市罗峰路131号	0535-8240006
	烟台中国国际旅行社招远门市部	温泉路239号	0535-8160000
	烟台中旅国际门市部	金都宾馆1号楼1楼	0535-8236066
	烟台永安国际旅行社有限公司招远营业部	毕郭镇西沟子村	0535-8476750
	中国国旅（烟台）国际旅行社有限公司招远营业部	河西路169号	0535-8267733
	烟台阳光国际旅行社有限公司招远营业部	文竹苑6幢4号商铺	0535-8063000
	烟台江山国际旅行社有限公司招远营业部	罗峰片温泉路309号	0535-8938855
	烟台妇女国际旅行社有限责任公司招远营业部	初山路东段	0535-8026266

（三）招远旅游地图

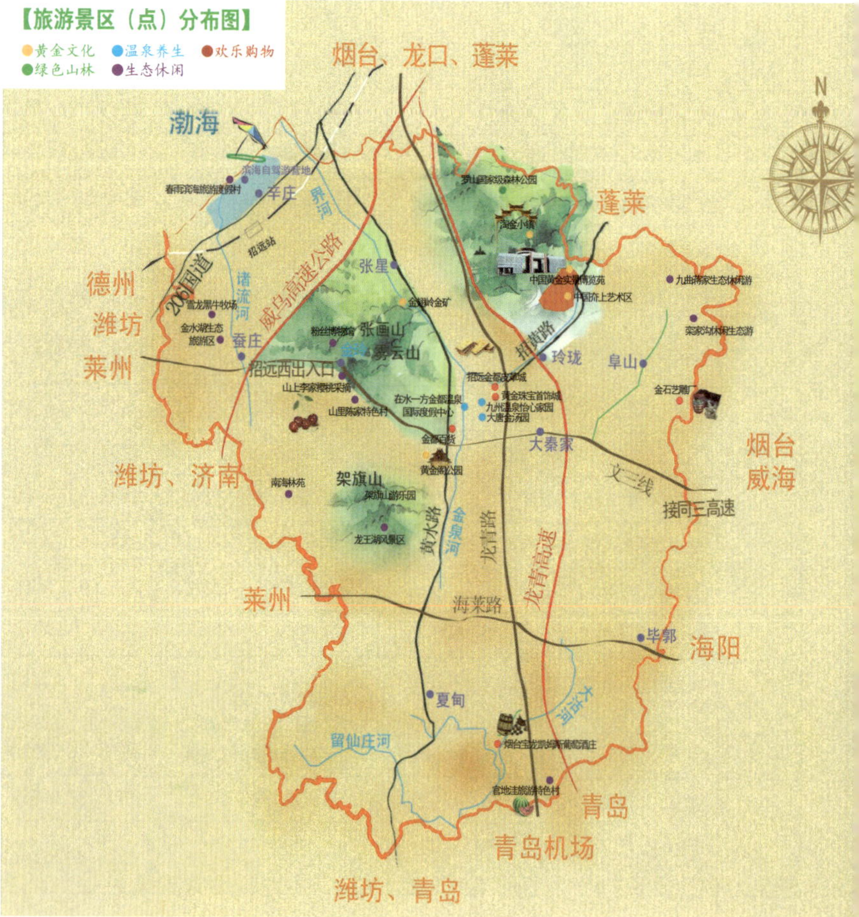

【旅游景区（点）分布图】
黄金文化
温泉养生
欢乐购物
绿色山林
生态休闲
烟台、龙口、蓬莱
N
渤海
滨海自驾游营地
春雨滨海旅游度假村
辛庄
界河
招远站
206国道
德州
潍坊
莱州
诸流河
威乌高速公路
张星
雪龙黑牛牧场
金水湖生态旅游区
蚕庄
粉丝博物馆
张画山
金岭
罗山国家级森林公园
淘金小镇
蓬莱
九曲蒋家生态休闲游
栾家沟休闲生态游
招黄路
玲珑
阜山
招远西出入口
山上李家樱桃采摘
山里陈家特色村
在水一方金都温泉国际度假中心
招远金都皮草城
黄金珠宝首饰城
九州温泉怡心家园
大唐金汤园
金石艺雕厂
金都百货
大秦家
烟台
威海
文三线
接同三高速
黄金阁公园
潍坊、济南
南海林苑
架旗山
架旗山游乐园
龙王湖风景区
黄水路
金泉河
龙青路
龙青高速
莱州
海莱路
毕郭
海阳
夏甸
大沽河
留仙庄河
烟台宝龙凯姆斯葡萄酒庄
官地洼旅游特色村
青岛
青岛机场
潍坊、青岛

（四）招远市内旅游交通指南

到达招远的游客，如果不是自驾的话，除出租车外，还可乘坐旅游观光车（小火车）或旅游公交车前往市内各景点。该观光车自架旗山游乐园始发，终点站为罗山国家森林公园。途径黄金阁、西山公园、长途汽车站、面包车站、佳乐家超市、九州温泉、体育广场、广电局（黄金珠宝首饰城、原皮革城）、轮胎工业园（兴隆盛大酒店）、罗山游客中心售票大厅、黄金博物馆、淘金小镇、招金舜和国际饭店。旅游专线灵活便捷、安全实惠，是游客市内出行不错的选择。

旅游观光车（小火车）票价6元，旅游公交车票价4元。

招远市旅游咨询服务中心

电话：0535-8069899

招远市旅游局

电话：0535-8239899

招远市旅游质量监督所

电话：0535-8079899

招远市罗山黄金文化旅游度假区

电话：0535-8399899

面包车站：0535- 8249881

长途车站：0535- 8216436

编后寄语

不一样的旅游书

首先，感谢那些被我们拍过的人，感谢你们真诚的笑脸。感谢招远市摄影家协会及影友郭进文、蒲永毅、侯晓艳、李军山、孙济生、然荻的大力支持，感谢张丕基先生及单位同仁的辛劳付出，没有你们的鼎力相助，这本书不能如此完美的呈现。

我们认为旅行是件很随意的事，关于旅行的书应该也是，如果一本书只是景区的简介，那还有什么好玩？那还玩什么？

随便翻开哪一页，都可以随即阅读。没有那么多的长篇大论，不用担心断章取义。整本书的内容是系统的，但是每一页又很轻松，很随意。像男人饭后点上一根烟，就是这样自然。

我们呈现的是招远的风情，而不是风景。如果招远是一位女子的话，希望让你看到她美丽华贵、妩媚温存，甚至骄横霸道的一面；我们也企图寻找新新人类的精神家园，找一个可以释怀、思考和放纵的地方。

EDITOR'S NOTE

所有的图片全部实景拍摄，我们采用明快的色彩表达，如果能带给你一个好心情那就OK啦。

不想把简单的问题复杂化，没有比旅行更简单的事情。对旅行来说，我们更侧重于直观的感受，甚至尽量不使用晦涩的语句，在这本书里说这些的时候，一直当作在与老朋友聊天。

我们表达得很原始，这种感情是真切的。你懂的。

旅游多半起于冲动，犹豫再犹豫，哪儿也去不了，有了感觉就出发吧！